Tachibana
Business
Shinsyo

深見東州
Fukami Toshu

ドラッカーも驚く、経営マネジメントの極意

Even Drucker Would be Surprised! The Essence of Business Management

Secrets of Successful Management

ＴＴＪ・たちばな出版

本書は、平成十三年七月に弊社より発刊された
『成功経営の秘訣』を再編集のうえ発行しました。

新書判のまえがき

著名なカリスマ企業経営者は、ドグマや教派にとらわれない、普遍的な神仏への信仰を持ち、それを心のよりどころにした人が多い。

出光興産創業者の出光佐三氏は、宗像大社の熱心な崇敬者で知られる。西武グループ創始者の堤康次郎氏は、箱根神社の熱心な崇敬者。〝経営の神様〟松下幸之助氏は、会社の敷地内に〝根源の社〟を建立する。東芝の社長・会長を歴任した土光敏夫氏は、熱心な法華経崇敬者だった。また、京セラ・ＫＤＤＩ創業者の稲盛和夫氏や、協和発酵工業の創業者加藤辨三郎氏、エスエス製薬の創業者泰道照山氏も、熱心な仏教者として知られる。そして、〝Ｃａｎｏｎ〟が、〝観音〟から来てる事はあまりにも有名。

カリスマ経営者として知られるようになった私も、25歳で大学受験予備校を創業し、28歳で時計会社、36歳で出版社、観光会社を設立した。そして、37歳の時、海外で家具屋やヨットのマリーナ、ホテルを買収し、海外での経営を始めた。こうして、信仰に基づくチャレンジを続けたのである。今は、国内外に十数社を経営し、全てを成功させてるつもりだ。

何教であるかは関係ない。普遍的な信仰に基づく、経営者のあり方を本書で紹介する。これを参考にして、自分に合った経営法を編み出し、不屈の精神力で成功して頂きたい。信念は、折れれば挫折するが、信仰に挫折はない。だから、不屈の精神力の支えになるのである。皆様の成功を、心よりお祈り申し上げます。

知の阪神　深見東州
本名　半田晴久
別名　戸渡阿見

はじめに

歴史上の名だたる人物の中には、政治家であれ、芸術家であれ、熱心な信仰をもっていた人物が多い。これらの人物は、雄大な志と、それを実行するだけの実力があったことは言うまでもないが、それに加えて神仏の加護と天運によって、歴史に残る偉大な業績を成し遂げることができたのである。

現代の大企業や中小企業でも、経営者には信仰を持っている人が多い。

生き馬の目を抜くといわれる現代社会において、常に的確な判断と決断を要求される経営者が、神仏を篤く崇敬するのは何ら不思議ではない。

無論、神仏が守っているから倒産しないというわけではないが、人間の努力だけでは限界がある。圧倒的な成功と繁栄とは、人間の努力に加えて、神仏の応援があってはじめて実現しうるものなのだ。

私は、経営コンサルタントであり、国内と海外合わせて十数社の経営に携わると同時に、神道人であり宗教者である。現代の資本主義社会において、ビジネスの問題を宗教的にどのように捉えていくのかということは、大変重要なテーマであり、多くの解説を要する事柄である。

そのため本書では、現代ビジネス社会で悩める経営者のために、なるべく平易に、わかりやすくこの問題を解説したつもりである。

さらに、私の数多くの実践体験を踏まえ、経営者として判断に窮した時、どのようにそれを乗り越えるかについても具体的に記述した。そして、一《いち》の経営努力を十倍、二十倍に発展させるための正しく有効な「成功経営」のノウハウについても、ごく基本的なことから詳説した。

——資金繰りに窮した時、銀行から借金をする時、支店を出すべきかどうか迷った時、あるいは税務署がやって来た時には、一体どうしたらよいのだろうか。経営者はどのように考え、判断すべきか。そのような時の答えが本書にはあるはずである。

いかにすれば天佑神助を得て、まるで神がかったかのような閃きと叡知でビジネスを成功に導くことができるのか？　読者諸氏の問題解決の一助となれば幸いである。

深見　東州

ドラッカーも驚く、経営マネジメントの極意　もくじ

第二章　三宝荒神が守る！　企業繁栄の鉄則……53

第三章　『開運マネジメント』ガイド……79

第一章　企業繁栄の超原則

「世のため人のため」に潜むワナ

経営者には信仰をしている人が多い。経営者は孤独である。生き馬の目を抜く現代社会、常に刻々と変わる状況変化の中で、的確な判断と決断をしなければならない。そして、その結果は、全て経営者自身の責任となる。経営者が心の奥に神仏を信仰する心を持っていたとしてもなんら不思議はない。

それは、なにも中小企業に限ったことではなく、大きな会社でも同じである。例えばヤオハンやダスキンなどは神様ごとでも有名な会社だ。あるいは、あまり知られてはいないが、ソフトウェアメーカーのコナミもそうだ。スキャンダルになった角川春樹氏などは神社を建立したくらいで、それこそ枚挙にいとまがないほどである。

経営と神様ごととは、切っても切れない深い関係があるわけだが、そこには思わぬ落とし穴も待ちかまえている。神様ごとや信仰と会社の経営というものをいかに両立させるか。そこを間違えると会社は倒産、神様ごともままならないという事態に直面してしまう。

　私が若い頃、ある宗教団体A教にいたときに、こんなことがあった。

　関西大学の優秀な学生で、Tさんという人がいた。神様のことや自然食のことをA教で勉強していたのだが、いよいよ卒業も近づき、さて就職をどうしようかとなったときに、Tさんはこう考えた。

「世のため人のために役に立つことがしたい」

「自分が勉強をした自然食を広めれば、人の役に立つじゃないか」

と。そして、そこの女性支部長さんに相談したところ「そうですねえ。まあ、いいんじゃないですか?」ということになり、Tさんは自然食販売の会社を作ったのだ。会社と呼ぶのが恥ずかしくなるような小さなものだが、ともかく、自然食を少しでもみなさんに届けようという気持ちで始めたわけである。

　二年か三年経って、

「そういえば、Tさん今どうしているんですか?」

と支部長に聞いたところ、結局、自然食販売をやっていけなくなり、途中からは親戚のやっている仕事に変えたということであった。

　志はいい、気持ちは純。けれども、資本もなければ会社としてもまるで未熟。

もちろん生活できるほどの売上もないときては、無手勝流ならぬ無手負流である。信心はいい。世のため人のためという気持ちも大切。しかし、そのことはイコール仕事ではない。

これが、神様ごとをする人間のひとつの落とし穴なのである。

「世のため人のために役に立ちたい」という気持ちはいいのだが、だからといって「公害防止に役立つ世のため人のためにいい商品」だとか「脳波がよくなる商品」「体にいい水」「自然食」「菜食主義の商品」、そういう仕事に手を出すと絶対に危ない。つまり、世のため人のためにするから、神様ごとでやるからといって必ずうまくいくわけではないのである。

私がこういうことを書くと変に思われるかもしれないが、要するに霊的な、神がかった要素がある仕事は、きちんとした経営基盤を持ったうえで始めることである。そして、それが収益の上がる分野であり、それだけのマーケットがあると確認できて、初めてビジネスとして成り立つのだということを、肝に銘じておかなくてはならない。

採算が上がることが「世のため人のため」

こういう言葉がある。

マネジメント・イズ・プラクティス（マネジメントとは実践なり）。

マネジメント・イズ・レスポンシビリティ（マネジメントとは責任なり）。

もしもあなたが、何がしかの仕事を「会社」でやるのであれば、当然、あなたには経営者の社会的責任というものが生じる。その「責任」とは何だろうか？　経営者にとって「世のため人のために尽くす」というのは、どのようなことなのであろうか？

ほとんどの場合、会社を経営する人間は従業員を抱えている。

その従業員を、経営者はまず幸せにしなければならない。なぜなら、従業員には家族がいる。それから取引先を幸せにしなければならない。とくに仕入れ先には迷惑をかけないようにしなくてはならない。

自分の会社が倒産して相手に不渡りを食らわせたら、どれほど恨まれるだろうか。誠意を示してボチボチ返していけば許してくれるだろうか？　普通は、とうていい納得するものではない。「仕方ないなあ。誠意に免じて長く待ちましょう」と言う人も中にはいるだろう。その誠意もなければ、本当に怨み骨髄となるだろう。振り出した手形が回ってしまえば、今度はヤッチャンがいらっしゃる。右傾向の方もいらっしゃる。家族がどれほど苦しむことか。

販売先も同じことだ。税務署が売り掛け金を差し押さえに来たり、債権者がダダダーッと押しかけて来て、「私たちの商品です」と、関係ない商品まで全部持っていくだろう。

つまり経営者の責任というのは、まず何より、会社を潰さないように収益を上げていくことなのである。そして、従業員を幸せにし、従業員の家族を幸せにする。仕入れ先、販売先の幸せを考え、自分の家族を幸せにする。少なくとも、経済的に負担をかけない、危機をもたらさないということが、経営者にとっての「世のため人のため」の第一歩なのである。

採算が取れること。利益が上がること。それが第一義。

そして、会社の構造上、最終的には株主への配当を考えなければいけない。ただまあ、利益処分のやり方はアメリカと日本ではだいぶん違う。アメリカは高配当だが、日本の場合はオーナーが株を持っているケースが多く、配当に回すよりも会社を存続させていこうとするため、内部留保が多いものだ。それでも、上場会社なら株主への配当を考えるのが経営者の社会的責任、マネジメントの責任である。

そういった経営者の社会的責任・社会的意義と、神様ごとから出てくる社会的意義とは、別問題として頭に入れなければいけないのだ。ところが、ついついそこを混同してしまう。仕事というのは、どこかしら生産活動の一翼を担っているものであれば、みな社会に役に立っているはずである。だから、会社というのは収益が上がればいい。上がり続ければいいのだ。

もっとも、その会社がソープランドを経営したり、ＰＣＢを撒き散らしたり、プリペイドカード再生の機械を作ったり、いわば社会に害毒をもたらすような会社では、社会的な使命感なぞ湧いてくるものではない。やはり「社会に役に立っているんだ。みなの役に立っているんだ」と思えることが重要だ。それがあって初めて、やる気に満ち、会社をやっていく情熱も生まれるというものである。

ただし自然食だとか環境商品だとか、宗教的理念、社会的な正義感、道徳観、倫理観から「この品物はいい」なんて言っているのは、大体失敗する。宗教的な情熱で目が曇ってしまい、マーケットとしてはどうか、どういう先発メーカーがあって業績はどうなのか、という経営的な分析が甘くなってしまう。精神世界に興味がある人は「あー、これは人の役に立つ。みんなのためになる」と舞い上がってしまうのだ。そういう分野は危険である。

そのようになりがちな人は、むしろ地味な、どちらかと言えば人の嫌がる仕事を考えた方がいい。例えばゴミ処理場の中のコンピューター制御ソフト作成、屎尿処理車のタイヤ製造だとか。そういったものの生産工程の、どこかの部分に入り込んでいけば、これは社会的なニーズも多く、ビジネスとしてのうま味も出てくるものである。

特許でコケる中小企業

特許、発明。なんとロマンチックな言葉だろう。

中小企業経営者にとって、特許を取るというのはまさに夢である。

そして特許を取る人というのはみなさん夢と希望に燃えているが、「自分の特許は世界最高だあ！」と、独善的に考えている人も意外と多い。

特許、発明というと思い出す人物がいる。

自動米俵装置だか自動米俵編み機だか、生産工程に乗ると自動的に米俵になって出てくるという機械を考案して、ある程度成功した人物である。その人の作ったドリンクを、私も商社で売ったことがある。そのドリンクは玄米から抽出したもので、あらゆる病が改善するという触れ込みであった。

そればかりでなく、この人は何百という発明を持っているのだが、悲しいかな、それを自分でビジネス化すると、不渡りを食らったり騙されたり、ことごとく失敗した。つまり、発明する人と事業する人とは別なのである。いくら特許を持っていても、その特許製品を売るのは非常に難しいことなのだ。

とくに、「これがあればすべての病がよくなる」とか「これがあればすべての問題が解決する」といった発明、特許には、絶対に引っ掛かってはいけない。なぜなら、それがすごい発明・特許であればあるほど、それが世に出るまでには繰り返しテストをし、どのように商品化するかをよく考えなくてはならない。すなわち実用化とマーケティングである。当然、時間もかかれば資金もかかる。そのうえ、その間ほかの仕事はできないとくる。

「ジョイントベンチャーでやりませんか。加わりませんか」と誘われて手を出すと、「これがいる、あれがいる」と湯水のごとく金が流れていく。不安になっても、経営基盤の脆弱な中小企業ほど「ここまで来たらもう引き返せない」と、また金が出ていく。先物取引の落とし穴と同じである。仮に幸運にも二年か三年経って実用化できたとしても、そのときにはまた、膨大な資金が必要となるのだ。

さらに、実用化されたとして、その先どうなるだろうか。ベンチャー中小企業に、果たしてバラ色の未来はやってくるのだろうか。発明戦士に栄光の日々はやってくるのだろうか……。

——とんでもない。

その発明が大きなマーケットで生きるものであればある程、大商社、大メーカー、大資本が狙ってくる。政治が出てくるわ、ヤッチャンが出てくるわ、見たこともないような社会の裏側をかいま見て、しっちゃかめっちゃか、スラップスティックな大ドタバタのあげくに全てが取り上げられてしまうのだ。

自分がその特許の持ち主で、何年かかけて事業化に成功したものなら、ある程度、培ったノウハウと特許で守られてはいる。しかし、大きなマーケットでやろうとすれば必ずやられる。

なぜなら、大きなマーケットでビジネスをするには、そこでシェアを持っている企業でないと採算を取るのが難しいからだ。シェアを持っている企業とは、資本力、優秀な人材、情報力、社会的なコネ、銀行のバックアップ、つまり人・物・金の全部を持つ企業である。

そういう企業がおいしい餌を目にすれば、必ず商圏を取ろうとする。アウトローの闇の世界からも殴り込みをかけてくるだろうし、そうでなくとも、特許から微妙に外れるところで必ず参入してくる。そうなれば、コスト面でも販売力の面でも、中小企業がかなうわけがない。苦労して、これがビジネスだとでき上がったときに、パクーンとかっさらわれるわけだ。

例えば仮に、とても素晴らしい電気冷蔵庫ができたとしよう。でも、いったんそれが商売になりそうだとなれば、ちょっとした飾り、ちょっとした機転で、すぐに大手メーカーに取られてしまうだろう。素晴らしい研究室で、あっという間に特許の裏をかいくぐり、安くて格好いい商品を開発し、素晴らしい宣伝力と販売網で売りまくるだろう。これまでに、どれほど中小企業の人間や会社が泣いていることか。

あるいはパソコン産業。

かつては、ソードというユニークな会社が存在したり、色々な会社が群雄割拠していたものだ。それが、パソコン産業が成熟してきたらどうなったか。大手が軒並み参入して、ハードもソフトも全部やられてしまった。初めのうち、いくつか特許を持って先行していた中小のコンピューターメーカーやソフトハウスはどうなっただろうか。ソードを含め、多くが倒産してしまった。

すべて、マーケットが大きくなるとそうなる。最初は調子よく、黒字でスーッといっていても、途中からは必ず大企業が出てくる。そして中小企業はやられてしまう。目に見えている。

だから、もしもあなたが特許ものをやろうとするのなら、自分がどれほどの人材を動かせるのか、どれだけの資金を動かせるのか、自分の会社の実力を充分にわかったうえで判断しなければならない。そこを夢と希望で信じ過ぎると、苦労と苦渋だけが残ることになるだろう。

特許もので成功する秘訣

とは言っても、発明・特許の世界で中小企業が成功する道がないわけではない。それも、ちょっとした発想の切り替えで充分に可能だ。

マーケット・セグメント。

例えば電気冷蔵庫なら、全体を作れない代わりに製氷皿を作る。製氷皿に関しては特許とノウハウをいくつも持っているという会社になる。そうするとこれは他社には真似ができない。しかも大手もコストと利益の関係で手が出せない。そして、松下電器なら松下電器に製氷皿を納めればいいのだ。これがいわゆるマーケットセグメント、マーケティングセグメンテーション、あるいはすき間産業などと言われるやり方である。

松下電器だって、何もかも特許やノウハウを押さえているわけではない。小さな部品は値段も安く、大企業は多額な開発費と時間をかけて商品を開発することはできない。そんなことをしていては、効率が悪くてとてもやっていけないだろう。冷蔵庫だって、冷却器のある部分だけは周辺特許やノウハウがいくつもあって、松下もその部品だけは買ったりする。あるいはドアの塗装技術とかも同様である。

そういうやり方をしておけば、そこに関してはマーケットがセグメントしてくるから、それに関しては日本一あるいは世界一になることができるのだ。中小企業で、堅実に成功しているところはみなそうだ。何かのパーツ、それもある部分だけをやって収益を上げている。

大手メーカーはそこに参入しても採算が取れないから、参入してくることはない。万が一マーケットが大きくなったら、そのときにはガバーッと取られる危険性がある。だから、マーケットサイズを考えて、自分の会社の人材と経験、そしてとくに資本力を考えることである。銀行から五千万円借りるのに四苦八苦している会社や、一億円借りられて「ああよかった」などと言っている会社が、何千億円、何兆円動かす大会社と勝負できるわけがない。そんな分野には、絶対に進出してはいけないのだ。

ところが、特許という甘い誘惑を持ってくる人は、

「これは世のため人のためにに役に立つ」

「公害問題がなくなる」

「癌も治る。医療問題はこれで解決だ」

「クリーンな生活環境が実現する」

なんてことを平気で言う。そんなセールストークに騙されて、もしもそれを事業の中心に持っていったら、絶対に会社は倒産する。百パーセントやられると言っていいだろう。だから、そんな魅力的な話がきたら、ペッペッペッとユンケルを眉毛につけて「誘惑には負けないぞ」と思い定めることが大切である。

事業家というのは事業で失敗する。本業がありながら「革命的な特許」に手を出すのは、ひとり勝ちを求める心である。欲と甘い誘惑に目が眩んで大失敗するのだ。それでは経営者の社会的責任は果たせない。やはり、段階を踏んで成長することが大切だ。

まずマーケットをセグメントして、少しずつ銀行の信用と実力を養い、資本と人材を蓄積する不断の努力をする。それができてきたら、少しずつ大きなマーケ

ットに出ていけばいい。会社が倒産する一番大きな理由は放漫経営だが、その次にくるのは特許製品、すなわち無計画な商品開発、無計画な経営なのである。このあたりのことは、前著『誰でも考えるような事をやめたら、会社はうまく行く。普通じゃない経営しよう!』(TTJ・たちばな出版刊)でも触れたので、あわせて参考にしていただきたい。

あの通販「二光」の商売上手をみならえ!

特許製品のために会社がおかしくなる理由は、もうひとつある。ヒット商品がひとつ出たとしよう。どうなるか。「売れたー、ヒットだー、バーンといけー!」ということで、人を入れる、場所を借りる、設備投資をする。そして夢と希望に燃えている。まさに我が世の春。

ところが商品には寿命というものがある。最近はますます商品寿命が短くなっているから、三年続けばいいほうで、短いのは三カ月。商品寿命が落ちてきたときに、支払いがあるわけだ。利益を上げたら、その決算年度は税金も払わなければならない。決算が終わり、税金を払ったら、次には予定納税がある。予定納税は半年前には払わなければならない。しかもキャッシュで。

ヒット商品が出て急成長したら、そのために資金繰りがきつくなるのだ。きつくなれば銀行から短期の借り入れをして回転させる。税金を払うときにはまた足りないから借りる。「すいません物納します」とか「分割します」とか言っても、キャッシュで払わなければならない税金は銀行から借りるしかない。それだけ経費が上がっていく。ところが商品寿命が尽きてきて、売上が二割落ちたら、もう利益は半分。三割落ちたら利益は飛ぶ。次のヒット商品はなかなか出ない。出ない出ないで、結局、倒産というのが多いのだ。

特許製品は当たったらその後が怖い。つまり、ヒット商品ほど怖いものはない。

その典型がＬＳパック。顔をぶくぶくと洗って、洗顔でゴミが取れますという商品である。覚えている方もいると思う。すごい勢いでブワーッと売れたが、結局あの会社は潰れてしまった。ワーッと売れた、人を入れた、設備投資をした、事務所も借りた、商品寿命が落ちてきた、次が出ない、倒産……。

ここらへんの商売上手なのが、「ポン！　二光お茶の間ショッピング！」で有名な二光通販（現・西友リテールサポート）である。また、日本文化センターなんていう会社も上手だ。

その中でも、とくに上手なのが二光だった。

二光という会社はなかなか大変な会社で、新しいもの、売れるものをコンスタントに出すために、ものすごいネットワークを張っていて、絶えず商品研究をしている。実際、常に売れるものを供給しているから立派なものである。

ところがこの会社は、ひとつの商品がある一定量売れると、もうそれ以上売らないのだ。売れ過ぎると資金繰りを圧迫するからという。だからある一定のところで止めてしまう。売れ過ぎると、その分支払いをしなければならない、在庫を持たなくてはならない、その分また税金を払わなければならない。

売れたら売れたで、資金繰りを上手にしなければならないことをよく知っているから、売れたといってぬか喜びしない。だからこそ、二光はああやって安定していたのだ。

ところが、マネジメントのド素人は「売れたー、それいけー！」で、大量の資金を使うが、次の商品が出ない。もしヒット商品が出たら、次に何がくるかということを頭に入れておくのがプロの経営者というものである。それができない人間はマネジメントのド素人だ。経営者としての実績に基づく知恵がないものだから、みすみす倒産していくことになる。

とくに特許製品を売るという場合は、本当に眉ツバしたうえで、いくつかの連作を用意しておくこと。公害関係ならそのシリーズでいくつか用意する。防災関係でも食品関係でも、それぞれのシリーズで複数の商品を用意しなければならない。ひとつの商品がダメになったら次の商品というように用意をしておく。商品がひとつしかないというのは危険である。商品寿命は本当に短い。それに、その商品がもしよかったら、同業他社が必ずライバル製品を出してくるだろう。

大きなマーケットであればある程、大きい会社がやってくる。我も我もと過当競争になり、最終的には、安くて品質がよくてサービスのいいものが残るわけだ。これは経済の法則である。

大きなマーケットならば、いち早く高品質・低価格・グッドサービスの研究をし、企業努力をしたほうが勝ち残る。スピードの勝負である。それをしない会社は淘汰され、潰れていくだけだ。「売れたぞー！　ホホホーッ！」と安直に構え、安穏としているうちに、マーケットが変わって、いつの間にやら四面楚歌、倒産の危機を迎える。逆に、小さなマーケットは安全だが、購買数が少ないから地道な努力と根気が必要になる。どちらを取るのが賢明か、よく考えていただきたい。

話が横道にそれたように感じるかもしれないが、宗教的な理念、宗教的な夢や理想というものと、特許製品というのは実はよく似ているのである。

特許ですべてが解決するような「おいしい話」には絶対に手を出してはいけない、というのが私の結論である。

本業にエネルギーと力と思いが行かなかった分、必ず会社に穴が開く。そうなれば、結果的に「世のため人のため」は実現できない。売上が落ちればボーナスも出せなくなって、従業員とその家族を不幸にする。仕入れ先も自分の家族も不幸にする。経営者は会社経営の責任がまず大事なのであって、そこを見誤っては、神様ごとも何もあったものではない。

なるほど、神霊界というのは、一足飛びにパパッと想念を切り替えていける世界だが、現実界は一歩一歩の世界である。まして会社というのは、数値の裏付けがなければ進んで行かないし、社会的な信用というのは年季である。社歴三年未満というのは信用調査上、会社ではない。どんなに売上と利益が上がっていても、社歴三年未満は銀行も会社として認めはしない。

神様の世界だとか、夢と希望とロマンに生きている人が、会社の経営を両立させようとするのなら、この部分だけは注意してほしい。神様と言ったところで、最終的には人間の努力も必要である。神様が守っているから倒産しないというわけではない。また、人間の努力だけでも、限界がある。人間の努力に加えて、神様の応援があってこそ成功するのだ。

この不況下、おいしい話を聞くと手を出したくなるだろうが、マーケット・セグメントを忘れないように。大きいものは大手にお任せ。中小は部分特許だとか関連ノウハウだとか、的を絞った小さな分野で会社という城をビシッと固めたほうが、業績は安定する。その方がなによりも確実であり、世のため人のためになる。

小売り業の負債がふくらむ仕掛け

ある日、イオン水を売っている人から電話がかかってきた。

「助けてくれませんか。このままでは十一月の中旬に不渡りを出してしまう」

と言うのだ。

「ビルも何もかも担保に入っていて……」

「何でもっと早く言わないいんですか。だいたい、イオン水の販売をするのに、何でビルを売り飛ばさなくちゃならないいんだ?」

聞けば、負債が二千六百万円もあるという。

イオン水を売るのに、どうして二千六百万円も負債を抱えることになったのだろうか。メーカーではない。小売業である。何とも不思議な話。従業員の給料が高いのだろうか? 回転資金が必要なのだろうか?

実はこの様なケースは、小売業ではありがちなことなのである。

例えば、訪問販売の場合、イオン水のメーカーが「○○台以上買うと、掛け率でこれだけ安くなります」と言うと、つい小売店は「売りさえすれば、掛け率の安いほうが儲かるじゃないか」と、まとめて買ってしまうのだ。掛け率が高くとも、最小ロットで商売したほうが在庫が少なくてすむはずなのに、そういうことをついしてしまう。在庫は財務上資産である。この場合の資産とは、利益が品物として、寝ていることである。しかも、買えば当然、支払いをしなくてはならない。ところが在庫はまだ残っている。つまり、利益が品物に化けておねんねしているわけである。

ところで、品物で給料を払うわけにはいかない。「イオン水の機械で、大家さんに家賃を払ってくれ」というわけにもいかない。水道代や電気代をイオン水の機械で払うことはできないのだ。すべてはキャッシュで行わなければならない。資金ぐりが苦しくなるのは当然のことである。

もちろん、在庫が少なければよいということではない。回転在庫として、少なくとも一カ月分ぐらいの在庫、多くて二カ月分か三カ月分の在庫は必要だ。しかしそれ以上の在庫を抱えると、結局、利益が「もの」でおねんねしてしまう。しかもそれに税金が五割か六割かかってくる。

当然、在庫調整は決算毎にやらなくてはいけないのだが、それでも資金がキャッシュで出ていく。だから支払いは、なるべく長ーい支払いサイトの方が有利なのである。

掛け率が安くなるからとまとめ買いをする。メーカーが払ってくれというから払う。ところが現金は月々の給料と家賃、諸経費で消えていく。で、あっちからもこっちからも借りる。金利がかさむ……その悪循環である。

資金繰りが悪いからと返品を申し出ても、なかなかうまくいくものではない。とくにこのケースでは、メーカーは訪問販売相手のメーカーだから、脅したりすかしたり、絶対に説得力がある。「返品だなんて裁判だ」くらいは言っただろう。小売りの資金繰りが苦しいのを見て取って「手形を切ってくれ。決済を早くしてくれ」と手形を切らせたわけである。

それが不渡りになりそうなとき、あっちからもこっちからも借金して、もう借りられないというとき、どうすればいいか。もしそれが何億円のレベルなら、これはもうどうしようもないのだが、何百万円かのケースだったら、まず死を覚悟することだ。

「俺は会社と従業員を愛している。よし、死んでも従業員と会社を守るぞ」

命を捨てる覚悟ができたら、命を捨てる前に、とりあえず恥を捨てよう。で、手形を切ったところへ、手形を返してもらいに行くのだ。手形を回収してビリビリッとやる。それが一番いい。

もっとも、向こうも「危ないなあ」と思うと、裏書きして外へ回すことがある。町金で割引いていたりすると、手形はヤッチャン方面に流れてしまい、土地を奪われてしまうだろう。A社なんかその典型である。危なそうな会社の落ちない手形を集めて、土地を没収するというやり方である。そんなところに手形が回ったら、これは難しい。

回る前なら、顔から火が出るくらいの恥を忍んで、

「手形を返してください」

と言いに行く。

「それを貸してください。鍋釜家財、一切合切を質屋に入れてでも、とにかく必ず返済いたします。私にどんなことがありましてもお返しいたします。生命保険に入っておりまして、過労死か自殺か、自分が死んだらとにかく保険金が入ります。最後はそれで必ず払いますから、貸してください」

と命を張って、土下座して言う。それが経営者としての覚悟であろう。

ミサワホームの三澤千代治さんなど、実際にそうしてきたのだ。

とにかく祈りまくって、一つひとつの手形を回収する。行くのは二日前とか三日前では遅い。危ないと思ったら早め早めに、少なくとも十日前か十五日前、なるべく二十日ぐらい前に土下座する。回収してくれれば、まず倒産は免れる。

本当は手形さえ切らなければ倒産しないのだ。手形でなければ、代金を取りに来た時、入り口で攻防戦をしたらいいのだ。

「そこをなんとか、そこをなんとか」

あのハマコー先生も土下座して選挙したんだから、経営者は会社を守るためにはそれぐらいはやって当然であろう。土下座なんかタダである。

品物の仕入れをして支払いができないのなら、返品に行けばいい。

私が宝石の販売をしていたとき、ある部下が勝手に仕入れをした。とうてい売れそうにないものを八百万円。月の売上が三百万円か四百万円のときの八百万円だから、支払いができない。私は返品しに行った。この時の交渉は、約八時間を必要とした。結果は私のねばり勝ちであった。それは私に、会社と社員を守るためという思いと、神様のためにやっているんだという経営者としての覚悟があったからである。

もちろん、支払いを待ってくださいと言うギリギリまで、商品を売り、支払いをする努力をしなくてはいけない。そのうえで、どうしても商品が売れなかったら、返品に行けばいいのだ。手形を切ってくれと言われて、言われるままに切るような根性ではいけない。自転車操業で手形を切ったら不渡りになるに決まっている。先ほどのイオン水のケースでも、もっと早く相談があれば、私は「返品に行きなさい」と言っている。

私の場合、午前一時半まで攻防戦を繰り広げた結果、「しょうがないね」と言って、八百万円全部の返品を了承してくれた。その上さらに、末締め翌月末現金払いだった支払いを、末締め九十日後現金払いに延ばしてくれた。

仕入れはそれほど重要なことなのである。「あっ、いいんじゃないの」なんて簡単に仕入れてはいけない。資金繰りを考え、売れるか売れないかを考える。つまり仕入れに責任を持たなくてはいけない。私なら、仕入れるときに必ず三宝荒神様にお祈りする。そのときの仕入れは私ではないと言っても、やはり上のものの責任である。後日、仕入れ先の社長にこう言われた。

「あんたもよくやるねえ。あんたがいるんなら会社は大丈夫だよ。自分もそうやってゼロから会社をたたきあげてきた。あんたがいる会社なら、これからも品物を納めさせてもらうよ」

仕事と信仰の関係

会社の成功とは経営者の気迫と根性なのである。

在庫が残っているのなら、返品すれば支払いをしなくてすむわけである。攻められて手形を切ってしまうのは、性格が弱いからである。そんな会社は守りも弱い。とくに訪問販売の場合、よくやったものは「よくやったね」、だめなものは「だめだー」と、机のひとつもバーンとやるような営業部長か販売部長がいなければ、絶対に成功しない。否、それは訪問販売だけではなく、全ての会社にあてはまる。

ところが、神様ごとでつながった人間が営業マンになっている場合、これは非常に困ったことになる。神様ごとをやっている人間というのは、宗教的な理念で生きているから、愛と真心で仕事ぶりはしっかりしているものである。しかし、数値となると話は別。いくら愛と真心でも、数値に出てこなければ会社は潰れる。だから数値を指摘すると、今度は、

「愛と真心でやっているのに、何であんなふうに厳しく言うのかしら。あの方、最近変貌してきたんじゃない？」

ということになるのだ。

神様ごとをやっている人間というのは、確かに内的な気持ちが大切なのだが、そこに品物がからみ、金銭が出てきたら、数値に置き換えられるだけのことをやらなくては、本当の真心とは言えないのだ。

ただ、そこを上手に言わなければならない。厳しく言えば「神様ごとをしているのに」と言われるだろう。だから基本的には、神様ごとの人間関係に、仕事は持ち込まないほうがいい。仕事で人間関係に亀裂ができると、神様ごとの人間関係にも亀裂が起きてくるからだ。

そうでなくとも、経営者たるもの、現場の営業マン一人ひとりの処方せんを持

っていなくてはいけない。

経営者は経営分析をして、営業マンのノルマを算出する。

粗利率はおおむねわかっているから、一般管理費がいくらかかるかで、会社の売上の損益分岐点が出てくる。それにプラス何パーセントかの利益を加えて、営業マンひとりずつのノルマを出すわけだ。

そのノルマを達成した人には「頑張ったなー」と溢れるごとき言霊《ことだま》を与え、できない人間はチクチクやったり、ガーッとやったり、恐怖の谷間に陥れたり、ちょっと希望を与えたりして数字を上げさせなければならない。

「おまえの行く道はここだけなんだよ、行きなさい」

「はい。頑張ります」

というふうに持っていったりもする。営業マンも、人によって性格が弱かったり強かったり、落ち込みやすかったり、やる気だけはマンマンだけど実行が伴わなかったり、いろんな人間がいる。やる気のない人間には、夢と希望を与え、やる気のある人間には、責任や義務を与える。社員と一口に言っても千差万別である。経営者は、その一人ひとりに処方せんを書いて、ノルマが達成できるように指揮し鼓舞しなければいけない。それが経営者の仕事である。

直撃販売こそ訪問販売成功の秘訣

訪問販売では、特にこの社員の処方せんが重要となる。

それをやって、私は健康器具の訪販で関東一になった。

訪問販売というのは厳しい仕事である。そして、訪問販売の営業マンは、漁師であり、猟師なのだ。絶えず新しい獲物を探して、西に東に旅をしなければならない。そこには、訪問販売をやった人間にしかわからない虚しさがあるのだが、その話はまたいずれ書くことにしよう。

訪問販売で、知り合い関係から売っていくという会社あるいは営業マンというのは、まず間違いなく潰れる。というのも、知り合い・縁故関係というのは、しばらく浸透したらもうそれで終わりだからだ。知人友人親戚が、さらに人を紹介してくれるというのは、めったにないことである。

もっとも訪販の住宅産業なんかでは、そこを計算して、

「従業員は一年ぐらいで辞めてもいい。縁故親戚関係で、家を二つか三つ建ててくれれば、十分に採算が取れるから」

というドライな考え方で社員を採用する会社もある。しかし、基本的には縁故関係に頼らない「直撃販売」こそが、訪販成功のポイントである。

そのために、開拓ノウハウを開発する必要がある。例えば健康器具なら、魚河岸、ハイヤー、ガソリンスタンドなど、肉体を使うところを狙う。

そしてなにより、経営者自らも実践し、朝礼で「ガンバロー!」とやって営業マンを鼓舞することだ。日々それをやらないと、営業マンはついつい喫茶店にたむろしたり、直帰したりしてしまう。

営業マンの管理も、営業日誌を見て、

「ははーん、三日目は遊んでいたのか」

と、パッと見破れるくらいでないといけない。

「なんでわかるんですか?」

「文字に書いてある」

と。自分が実践でやってきた人間なら、それくらいのことはわかるものである。

逆に言えば、現場で叩き上げた人間がいないと、訪販というのは採算ベースに乗らないのだ。ボチボチやるのなら、歩合制かなにかで経費をかけずにやるのもよい。六畳ひと間の事務所、コレクトコールに着払いの宅急便。とにかく経費をかけないようにすれば、ボチボチやっていけるだろう。

さもなければ、大手が押さえている販売ルートに乗っていくのが賢い。

訪販商品というのは開発商品と言って、粗利率は高いのだが、見たことも聞いたこともない商品である。つまり売りにくい。だから商社などは、粗利率は低いけれど誰もが知っていて売りやすいナショナルブランドを七割ぐらい持って行き、あとの三割の開発商品で利益を稼ぐのだ。

そのように売りにくい訪販商品で稼ごうと思えば、なんといっても開拓が命だということはおわかりになるだろう。開拓力こそが命なのである。

新しい試みは小さく始めよ

販売について書いてきたが、実は、売れる売れないというのは、経営者がやらなければならない経営全体の仕事からみればごく一部分である。労務管理、財務管理、資金調達、税金対策、仕入れ、宣伝広告……これが経営の舵取の基本形である。

重要なことはそのバランスである。

もし何か新しいことを始めるのなら、そのバランスがよくできるように自分を訓練しなくてはならない。当然、訓練・習熟には時間がかかる。だから新しいことは小さく始めることが重要である。

経験もなしに人任せにしたら、たちまち会社を牛耳られてしまうだろう。会社を手放すはめにもなる。まず自分でやって、ある程度わかったら、そのときに初めてエキスパートを雇えばいい。経営者は全てを知った上で、人にそれをまかせて、やらせるのである。新しい試みは小さく始めることも大切である。

本来、新しい試みというのは、利益が上がっている間に、

「失敗してもいい。損金で落とせる。未来への投資だ。税金も安くなるし」

という気持ちでやるべきことであって、不況になって利益が減ってきているときに新しい大きなことを始めたら、目が曇って百パーセント失敗する。それでも

始めたいと言うのなら、少しずつやること。

また、ターゲットを細かく絞って、そこだけやるようにする。

それならば資本も人手も大してかからず、仮にケガをしたとしても小さくてすむ。そこで資金繰りや営業・販売・労務管理の経験を積み、だんだん広げていくというのが、中小企業マネジメントの真髄である。

不況のときは発願《ほつがん》して飛躍する

京都に行くと、私はいつもMKタクシーのSさんという人を呼ぶ。

先日京都に行ったときにも来てもらったのだが、一カ月ぶりにロンドンから帰ってきたばかりだという。MKタクシーには留学制度があるのだ。京都には外国人がたくさん訪れる。英語のできる運転手も必要だと、週に一時間、英語の勉強をする機会を会社で設けたのが始まりだそうである。

ラジオの英会話から始めて十年ちょっと。コツコツと勉強をしたSさんは、今ではMKタクシー随一の英会話上手になった。観光知識があり、論理とツボをわきまえている。説明が上手だと外人にも人気で、一日に五時間ぐらいガイドをやっているというから大したものである。

この英語のガイドサービスの料金は、一時間あたり千円。そのうちの五百円は会社が積み立てて留学制度に使い、五百円が本人の収入になる。客が安定するうえに、給料以外に月五万円ぐらいになる。年間で六十万円。ラジオ英会話から始めて、一生懸命に英語をやっていたお蔭である。

同じように英語を始めた人もいたのだが、続かなかったらしい。チャンスは誰にでもある。「やろう」と思って続けるかどうかが、運を開くかどうかの分かれ道になるのだ。発願し、志して日々続けている人には、やってきたことが生きるような場を、必ず神様が作ってくれる。運がいいということはそういうことである。

だから、むだな時間を過ごさない。不動産関係なら宅建主任でもいい、建築士でもいい。とにかく勉強を始める。勉強が好きだという人でないと、会社は成功しないものである。

船井幸雄さんの本にもこう書いてある。

成功している人の三つの鉄則。一、勉強好き。二、素直。三、プラス発想。なかなか含蓄のある言葉で、本当にそのとおりである。勉強好きがまず第一番。次に素直に人の意見を聞く、素直に反省する。すると守護霊も周囲の人間も、引き立ててやろうと思うものである。三番目がプラス発想。どんなことがあってもプラスにしか思わない。勉強好き・素直・プラス発想。これを満たしている人間は必ず成功している。

こういう不況のときこそ、遊ばないで勉強することである。

神様や守護霊が「勉強せい」と言っているのだ。そして、やめずに続けること。きっと役に立つように神様が導いてくださるはずである。

第二章　三宝荒神が守る！　企業繁栄の鉄則

荒神《こうじん》とは勾陣《こうじん》である

「人よかれの思い
物よかれの思い
世に役立つことを為さんの思い
すべて神仏に愛でらるる企業の元なり
精進はそのためになせ
その精進に倍する幸せと恵みと福と祿《ろく》を与えるのが荒神なり

ひときわ目立つことをなすべし（人々に知らしめる告知、宣伝、営業力のこと）
ひときわ特色あるものを持て
ひときわ極めた日々を送れ
これ繁栄のこつなり

真は心に置きてあでやかに、
魅力に満ちて語り行うべし
人来りて服するなり
一意専心、万事動かす」

関西に清荒神《きよしこうじん》という、神仏習合の社がある。千二百年ほど前に作られた寺で、金堂に大日如来があるのだが、何回か焼けて荒神の宮だけが残り、それが中心になっている。以前、人を伴ってその清荒神さんにお参りしたとき、神社の御神職からこのような説明があった。

「この三宝荒神《さんぽうこうじん》さんというのは、カマドの神様、火の神様。台所を守り、火を守る神様だから強い神様である」

その人は、こういう説明をなさった。この説明は一般にも流布しており、否定はしないが、とかく誤解を招きやすいことなので、荒神さんについて、ここできちんと説明しておきたい。冒頭の言葉は、それを考えているときに、突如として神様から出された言葉である。

さて、三宝荒神というのは、みなさんもご存じのとおり「荒々しい」神様と書く。本書でもそう表記しているが、実は「勾陣」と書くのが正しい。「勾陣」とは、中国・隋の時代の『五行大義』という本に出てくるものである。『五行大義』の中の、五行説を理解する大事なところに「勾陣」が出てくる。五行すなわち木火土金水の、土というものから出てくる神様で、勾陣という働きがある神様だと記されている。これが真相である。音は「こうじん」と読むのだが、字は「勾陣」。日本に来てから、荒々しい神様だというので「荒神」になったのではないかと思う。荒神のもとは木火土金水の土の神様なのである。

三宝荒神と役小角《えんのおづね》

その三宝荒神だが、カマドの神様でも火の神様でもない。

カマドの神様というと台所の神様。そのコンセプトは決して間違いではないのだが、ちょっと言葉が足りない。三宝荒神の発祥から考えてみよう。この神様こそ、実に経営者にとって最も頼りになる神なのだから。

大峰山を修行場として、山岳信仰・修験道の始まりを作ったのは役小角（えんのおづね、またはえんのおずぬ）。空を飛んだので有名な人物である。その役小角が大峰山で祈りを捧げていたとき、突如、地震がドドドォーンと起きた。しかも東北の方角に紫の雲がふあーっと立ち込めている。何か不思議なことがあったに違いないとそこへ行ったら、顔が三つ、手が六本、足が二本の異様な神人が立っていた。

「おたく様は器用ですね、顔が三つもあって」

そんなことを聞いたかどうか知らないが、役小角は恐る恐るたずねた。

「うん、異様な風体。あなた様はどなた様ですか」

「我は三宝荒神。我は荒神なり。我が姿を見たくば、これ大峰の九山、九川、これ我が本地なり」

と答えた。大峰山の九つの山と九つの川……具体的に九つということではなく、すべての大峰の山と川が私の本体だという意味である。つまり、大地のエネルギーのもとから来たわけだ。そして、

「精進努力する人間を私は守りたい、守護したい。すなわち、人間の貪瞋痴《とんじんち》を克

服して精進をする者に味方したいと思うのだが、そういう人物が少なくなってきたことを嘆くものなり」

とおっしゃった。貪瞋痴とは、貪欲《どんよく》・瞋恚《しんに》（怒り・うらみ）・愚痴《ぐち》。貪欲なる欲心と、うらみと、愚かなものの考え方を乗り越えて精進する、そういう努力をする人を、私は守護し、盤石なる力と智慧《ちえ》と財を与えよう、永久に変わらぬ福徳を与えようと。これが荒神さんの起こりである。

弘法大師は三宝荒神にお参りしていた

次に荒神が歴史に現れるのは、弘法大師、空海のころである。

嵯峨天皇様から賜って高野山に根本道場を作り始めたのは、空海が四十三歳のときだが、工事を始めようとすると、雨が降り、嵐が吹いてなかなか工事が進まない。そこで空海が、護摩壇を設けて一生懸命祈ったら、そこにまた地震がダダダーン。荒神さん、大地の神様だから地震が好きだ。また異様な神人が出てきて

「我は三宝荒神。我が本地が知りたくば、この高野の山々、峰々の八山、九川、

これ我が姿なり」とおっしゃった。

高野山には八つの山に九つの川があって、蓮華台上、蓮の葉が開いた感じになっている。ちなみに、蓮の葉を裏返して閉じた形になっているのが比叡山である。対になっているわけだ。

その高野山の峰々、小川のせせらぎ、これが私の本地である。そして、人間の貪瞋痴、これを徹底的に戒め、困窮に至らしめ、それでも乗り越えて頑張る人間に、永久に朽ちることのない財徳、身分、幸せな人生を与えよう。そこまで精進努力する者に味方するんだとおっしゃった。徹底的に貪瞋痴を究極まで戒めて、それを超えた人間には永遠に繁栄する富と福と禄を与えてあげようと。

それで高野山に祀られたのが立里荒神《たてり》である。

そしてなんと空海は、月に一回必ず立里荒神にお参りしていたのだ。

空海は、七祖・恵果阿闍梨《けいかあじゃり》から真言の法を継いだ正統継承者である。胎蔵界九百六十余、金剛界千四百あまりの仏様を動かし、大日如来とひとつになっている真言八祖のあの空海が、高野山の経営、財政、人事、運営に悩むと、必ず立里荒神にお参りして神様に相談していたというのだ。

その気になれば観音様も、不動明王《ふどうみょうおう》も、毘沙門天《びしゃもんてん》もいらっしゃったはずだ。普賢菩薩《ふげんぼさつ》はこの現実界の怜悧なる智慧、文殊菩薩《もんじゅぼさつ》は悟りの智慧と、あらゆる智慧の仏様がいるのだから、そこで聞けばいいのに、空海はこの件については、必ず荒神さんに月一回お参りしていた。高野山の台所、経営、運営に対して、荒神さんがいかに強い力を持っていたかということを、この歴史的事実は物語っている。

三宝荒神はメイド・イン・ジャパンの仏様

つまり、荒神さんは別にカマドの神様でもなんでもない。火の神様でもない。大地の金神《こんじん》。この大地の土荒神なのである。大地のエネルギー、土のパワー。ところで、台所というのは、木火土金水の五行がそろっている。水道あるいは井戸で水を使う。ご飯を炊くのに火を使う。包丁やなべも使うから金物が出てくる。野菜が木火土金水の木。そして、野菜の根っこには土がついている。つまり台所には木火土金水が集まってくる。とくに火と水を使う。水と火と両方がそろうと、三宝荒神が顕現しやすいのである。

やや難しくなるが、火気と水気の関係は、火は水によって上に流れ、水は火によって横へ流れていく、という。火と水《カミ》が揃ってカミの働きとなる（このことについての詳細は、ＴＴＪ・たちばな出版刊の拙著『神社で奇跡の開運』を参照していただきたい）。仏もカミの働きの一部だ。そして、火の中に水気あり、水気の中にも火の要素がある。だからこそ、密教の護摩では火を焚くと同時に、ぱっと水を入れるのだ。すると火気によって水気がブワッとみなぎり、物質的な火と水気の要素が出てきて、そこへ仏様が顕現する。水気と火気が融合すると、仏界の仏様や荒神さんはこの物質界に降りてきやすくなるのである。祈りだけでは弱い。そのために密教では護摩を焚くのである。

これを、密教では外護摩という。実際に護摩壇を設けて水や火を使うのが外護摩。内的世界で祈りだけやるのを内護摩という。アメリカでやったら米護摩《ベイゴマ》。新宿でやれば新宿コマ。梅田でなら梅田コマという……。

台所では火と水を使っており、火と水が絶えず循環している。そのために、荒神さんが顕現しやすいということで、台所で祀るわけである。別にカマドの神様だからではない。火の神様でもないのだ。

確かに荒神さんは、木火土金水、五行の気をもって台所の家計を守ってくれる。高野山の経営もそうだ。台所におわす神様だからというので、転じてカマドというふうになってきたのだろうが、カマドの神はまた別にカマドの神という神様がいる。火の神様も、火雷《ほのいかずちの》神という方がちゃんと別にいるのだ。

三宝荒神は、役小角の時にはじめて現れた、メイド・イン・ジャパンの仏様だ。メイド・イン・ジャパンだから、荒神という字を入れてもいいのだが、その大元は、結局『五行大義』の中に出ていた神様なのである。

面白いことに、お祈りすると、赤龍みたいな荒神さんが見えることがある。何回か見たのだが、荒神さんが龍になると赤龍みたいになって、米粒が等間隔で腹についているのだ。確かに台所は熱気があるから、ああこれは火の神様だと思う気持ちはわかる。しかし、本質から見るとちょっと違っている。

経営には荒神様！

人間の持つ貪瞋痴を超えて精進努力する者を守るんだと、役小角と空海の前に現れ出てきたことを考えると、人がこれを応用する場合、会社を経営するときに台所の家計を守ってくれるのが荒神さんということになる。

貪瞋痴を克服して一生懸命努力するときに、努力するものを金に変えてくれる。つまり資金繰りを変えてくれる。努力したものが実となって台所がやり繰りできるように守ってくれるのである。経営に当てはめれば、荒神さんというのは、そういう神様と考えていい。

ただし、荒神様というのは台所の家計を守ってくれるのだが、会社というのは台所の家計のためにだけやるものではない。もっと大いなる志があるわけで、やはり開いて伸びていかなくてはいけない。天照大御神を中心に祈り、日本神霊界の中枢より来たる、明るく元気で爽やかな発展力を前に立てていかなくてはならない。

これは、華道でいう「真《しん》・副《そえ》・控《ひかえ》」の「真」にあたる。

また、家の近くの鎮守様・産土様というのは月々の売上を上げてくれる。これが「副」である。最後に、台所をきちんと調えるという「控」が荒神さんだ。あくまでも「真・副・控」の控だから、控が守ってくれるからといって、荒神さんにばかりお祈りしていると、発展力が乏しくなる。

荒神さんの上手な利用法というのは、トラブルが起きたときだとか、にっちもさっちもいかなくなったとき、あるいは、何とかしてこの売上金の回収をしたいとか、不渡りを食らったときである。そういうときには、荒神さんへ行くと、があーんと強烈なパワーで解決してくれる。もちろん、毎朝ちゃんとご挨拶のお祈りをしていた人が、ここ一番で強く祈れば最高である。

紙面の関係上、あまり詳しく書けないのが残念だが、これについては既に、拙著『大金運』（ＴＴＪ・たちばな出版刊）に詳しく記しているので、ぜひ熟読されたい。必ずや、驚くほどの奇跡が現れるはずである。

ニーズに合った神様・仏様

荒神さんのお参りの仕方は、そういうふうに考えなくてはいけない。ポイントは他の神様や仏様と、どう融合して使っていくかである。

なにしろ、どの神社も、どのお寺さんも、自分のところの神仏が最高のように言う。お経を読めばわかる。文殊菩薩のお経では文殊菩薩が最高。観音経では観音様がオールマイティー。十一面観音も馬頭観音も普賢菩薩も、最高と書いてある。

これはまるで、健康食品と同じだ。もう最高！　と信じているからこそ力も出てくるのだが、これが最高という仏様が何百社もあったら、常識的に考えてもおかしい。それぞれ、固有の長所というか、何かしら特色があるのだ。

仏様で言えば、オールマイティーなのは大日如来。神様で言えば天照大御神様。ではいったい、オールマイティーというのはどういうことかというと、風邪薬で例えれば、総合感冒薬のルルのようなものだ。

総合感冒薬を飲めば総合的によくなるけれども、まだ鼻がずるずるするという人は、やはりミナト式の鼻がよくなる薬を飲むだろう。熱が出る人は熱冷まし、のどがおかしい人はイソジンガーグル。節々が痛くなるんだったら、節々の痛みをとる薬。総合薬と特効薬の二種類を使い分ける。

『神社で奇跡の開運』で書いたことだが、風邪薬をどう使い分ければいいかを考えるのと同じ。それぞれ体質、環境が違うのだから、使い分けができるように主体的に仏様を使いこなさなくてはいけない。仏様も健康食品も同じことである。『神社で奇跡の開運』を読んだ人には復習になるが、三宝荒神は、にっちもさっちもいかなくなったときに行くのが一番いい。そのうえ定期的にお参りしておけば、難が避けられて、台所が非常にうまくいくだろう。そのときどきのニーズに合った神様や仏様があることも、合わせて知っておいていただきたい。

繁栄する経営鉄則① よかれよかれの思い

この章のはじめに書いた言葉をもう一度見てみよう。

「人よかれの思い。物よかれの思い。世に役立つことを為さんの思い。すべて神仏に愛でらるる企業の元なり。精進はそのためになせ。その精進に倍する幸せと恵みと福と祿《ろく》を与えるのが荒神なり。ひときわ目立つことをなすべし。ひときわ特色あるものを持て。ひときわ極めた日々を送れ。これ繁栄のこつなり。真は心に置きてあでやかに、魅力に満ちて語り行うべし。人来りて服するなり。一意専心、万事動かす」

荒神さんは、貪瞋痴《とんじんち》を超えて精進する者を守護するわけだが、会社経営における精進とは何か。とかく精進は、精進のための精進と思われがちなので、そこを説明しておきたい。

「物よかれ」。これは、消費者にとってあるいは人にとって「いい物」を作るということである。朝鮮人参で言うならば、白ではなく赤の天然もので、真ん中の部分だけを取る。いいものを作る。物よかれというのはそういう意味である。

「人よかれ」の人というのは、従業員、販売先、仕入先。そして、それぞれ縁がある全ての人である。

つまり、いい物を提供し、関連する全ての人たちを喜ばせ、社会に有意義な企業活動、世に役に立つことを、少しでもやろうと思って一生懸命生きていることを精進というのである。そのように生きている人は、神仏が喜んで守護してくれる。そのために精進するということである。

どうしたら顧客が喜んでくれるか一生懸命考えれば、いいサービス、いいシステムが浮かんでくる。いい物を作ろうとすれば商品開発力と創造性が出てくる。合理的なコスト・ダウンの知恵もわいてくる。世の中の役に立とうとすれば、流通の方法に思いいたる。

あこぎなことをせずに、みんなに喜んでもらえるようなことをして、社会に還元したい。社員の待遇を良くし、株主へ還元し、納めるべき税金を納めたい。そういう企業にしたい、という精神状態で一生懸命精進する人には、その精進に倍する幸せと恵みと福と禄を与えるというのが荒神である。

繁栄する経営鉄則② ひときわ目立つことをなすべし

さきほどの言葉に続いて、いくつかポイントになる言葉が出てきた。神様はサービス精神が旺盛である。順に説明していこう。

二番目に出たのが「ひときわ目立つことをなすべし」

派手だったらいい……という意味ではない。もし自動車部品だとか機械部品を製造している工場だったら、どうすれば際立ったことができるだろうか。全部金ぴかの部品を作る？　松田聖子の顔写真を貼る？

「これ、何か柄が違いますねえ」

「我が社の特色です」

工場の人が一瞬笑ってくれるかもしれない。それだって特色だ。ただまあ、派手だけれども性能はよくないというのは、結局だめになる。ひときわ目立つことというのは、告知、宣伝、営業力である。「なるほどこういう特色があるんだねえ」と知っていただくこと。宣伝というのは、いかにすれば人々に注目していただけるか、いかに情報を提供し、そのことをよく理解してもらうのかということである。

誰だって忙しい。ライバルもいっぱいいる。その中で、自分たちの製品、会社に目を向けてもらい、ライバルを押しのけあるいは乗り越えて入り、取り引きに結びつけて、入金をしていただく。

自分の品物を買っていただくには、それなりに注目してその素晴らしさを理解していただかなければならない。それが「ひときわ目立つことをなすべし」ということの本当の意味である。

繁栄する経営鉄則③　ひときわ特色を持つべし

その次に、「ひときわ特色あるもの」を持ちなさいと出た。

船井総研に行くと、独自固有の長所を持てということをよく言われる。

確かに、それも大事だ。しかし、独自固有の長所がなくてもいい。商品に独自固有の長所がなくても、営業力が抜群、宣伝力が抜群、人に知らしめることが上手であれば、似たり寄ったりの商品しかなくても、その商品は売れるものである。

つまり、商品には大した特色がなくても、営業力があるという特色があればいい。

例えば保険。損保も生命保険も、それぞれに何社も何種類もあるが、どれも大して変わりはない。保険会社ではあれを「商品」と言うらしいが、内容はほとんど変わらない。もうひたすら営業力、宣伝力、情報力、人脈、それだけである。

特色のある保険会社なんて見たことも聞いたこともない。似たり寄ったりのものを扱っても、ひときわ目立つ営業力、宣伝力、告知力があれば、売上は上がり会社は成功するのだ。

これが一番の攻撃力。たとえ劣悪なるものを持っていても、営業力がよく、宣伝力があって、告知力があれば売れる。その上に特色のある商品を持ったら、その強力な営業力、宣伝力、告知力が、独自のマーケット、独自の力を持てることになって、競争相手に打ち勝つことができるわけだ。

繁栄する経営鉄則④　ひときわ極めた日々を送れ

次に「ひときわ極めた日々を送れ」

これは意味が大変深い。強力な営業力、特色を持っていながら企業が倒産するのは、これはもう放漫経営が一番の原因である。ひときわ極めた日々を送れというのは、研究力、開発力、それから人さまがやっているいいものをすぐ吸収するという柔軟さなどをいう。つまり、経営者がやらなければならない努力をひた向きに行うことである。別な言葉でいえば、それが経営を極めることであり、そのような日々をいとうことなく送ることである。これが経営者の精進である。もしも経営者がゆるみ切ったような日々を送っていると、気がついたときにはライバルに追い越されている。自分の特色だと思ったものは、当然他の会社もすぐに真似をする。

しかし、神様の言葉をこの順序通りやっていけば会社の成功は、間違いなし。

「これ、繁栄のこつなり」

繁栄する経営鉄則⑤　あでやかに魅力に満ちよ

さらに、どんな精進をすればいいのかということが、次に展開されている。具体的な精進の中身である。

「真は心に置きてあでやかに、魅力に満ちて語り行うべし。人来りて服するなり」

清荒神におられる三宝荒神は、でぶっちょの布袋《ほてい》様みたいな姿で、手に何か宝《ほう》珠《じゅ》を持っている。

普通の三宝荒神は、顔が三つに手が六本。そして、くわーっと恐ろしい顔をして、逞しい体つきをされている。つまり、内的な自己を鍛えて、一生懸命努力しているのだ。ところが清荒神さんでは、ニコニコ笑っていて、布袋様によく似ている。福禄寿《ふくろくじゅ》にも似て、にこやかな顔をしているのだ。

これは何を意味するのか？　精進努力だとか、特色あるものだとか、極めた日々を送っていても、そういうものは心の奥に置いて、人に対しては、あでやかに魅力に満ちてニコニコして話しなさいよということである。

「俺は一生懸命努力して、精進しているんだあ」

これは修行者で言えば「行者の臭み」。こんなのは鼻について嫌らしいから、決して人は寄って来ない。そういうものは腹の奥、心の奥底にしまって置いて、表情はあでやかに魅力的に艶っぽくにぎにぎしい状態を表現する。人が来てくれて初めて福。だから恵比須様みたいに、いつもニコニコニコニコ、恵比須顔。そういう状態でなければ、福は来ないということである。清荒神の階段の上にいらっしゃるのは、諏訪の神様のような、腹がでぶっとしてニコニコしている荒神さん。ああいうお姿がなぜ出ているのかということをよく考えなくてはいけない。

ひときわ目立ったことをし、ひときわ特色あるものを持ち、ひときわ極めた日々を送っていると、人間というのは何だか大げさに大変そうに、一生懸命やっていますといった顔つきをしてしまう。『巨人の星』の飛雄馬《ひゅうま》が「えっ、オズマが？」なんて言うと目がギラーンと輝くあれである。目から炎が出てしまう。ピカーッと。経営者はあんな顔をしちゃいけない。左門豊作みたいな顔をしなくてはいけない。最低でも花形満みたいにあでやかでないとファンはつかない。つまり客がつかない。

「真は心に置きてあでやかに、魅力に満ちて語り行うべし。人来りて服するなり」である。

繁栄する経営鉄則⑥　一意専心

その次が「一意専心、万事動かす」

この章の結論がこれである。

会社で支店を作るときに、その地域の人口比率とか、年齢層はどうだとかマーケティングをする。そして、分析して支店を出すかどうかを検討する（余談だが、支店を出すときには吉方位で出すと、いいほうへいいほうへと回転する）。

しかし、支店を出すときには必ず迷いがある。支店を出せばそれだけランニングコストがかかる。人も投入しなくてはいけない。果たしてその分、売上が上がるだろうかとなかなか思い切れなくて、出店を果たせない人も多いのだ。

これについての秘策は、ひとつしかない。それは、一意専心、ひとつのことを「何とかこれを！」と思ってやれば、エネルギーと波長と目に見えない世界が動くということである。つまり、霊界が動く、そして人も動くのだ。

そこを知っていれば支店作りは意外と簡単だ。

「君なら絶対やれる。ほらあの子も五年でやった。あの人も二年でやった。君なら三年で顧客数はこれぐらいにできるし、売上はこうだ。大支店長になるよ。ゼロから開拓できるのは君だけだ！」

「そうすかあ。うふふ、そうですかねえ」

「社長もくれぐれもよろしくと言っていたぞ。君は見込まれているんだ。千葉県を開拓するのは君しかいない！　千葉の王子様だ！」

なんて言われたら、たったひとりの所長でも最高責任者だから売上を上げるのに必死となる。朝から晩まで、いかにすれば千葉支店を向上させることができるか、必死になって考え続けるものだ。それが一意専心。何年か経つと、きちんと採算が取れるようになっているものなのだ。人間というのは、志によって体がよくなり、運も巡ってきて、人も寄ってくる。縁が動くのだ。

その法則性が理解できていないと「大丈夫かな、大丈夫かな」と決断ができずに、全国展開どころか支店も出せないままになる。いわゆる「老舗」のように、本店だけで、従業員が十人かそこらの小企業のままで終わってしまうだろう。

これは体験してみなくてはわからない。自分の授業料だと思って、そういう人間を抜擢することだ。「君がやればきっとできるんだあ」「ゼロから作っていけえ」と言っても何とかなる。やる気と情熱を鼓舞して、一意専心努力したら万事が動くものなのだ。

そのことは、何も従業員だけでなく、本店の経営者も同じである。

不況のときに「だめだあ」なんて言ってはいけない。不況のときこそ企業が伸びるチャンスなのだ。景気のいいときに始めたことは、見通しが甘くなりがちで、景気が悪くなればしおれてだめになるのが当たり前。不況のときに始めてうまくいけば、景気が好転するとさらに大きく発展するではないか。不況のときこそチャンスである。

不景気になったら、経営者はそう考えて一意専心。「よーし、必ずやるんだあ」と己を鼓舞する。一意専心でやることによって会社が成功する。銀行も金を貸してくれる、税務署も隣に行って、こっちへ来ない。社員も、変なヤツでもとにかく何とか使える社員が来る。社屋も見つかる。ものは売れる。

この商品はいいか悪いか、マーケットがどうだとかいうのは本質ではない。結果論である場合も多い。どんなマーケットでも成功する人は成功し、潰れるところは潰れる。もうだめだという斜陽産業の中でも、利益を上げている会社はたくさんある。逆に前途洋々たるマーケットでも潰れるところはたくさんある。

あとは商品との出会いである。しかし、たとえ商品力がなくても、環境が悪くても、社員の人間的な筋がいまいちでも、一意専心、経営者が思い続け、行い続ければ、万事が動いてうまくいく。このことがわかっていたら、どんな品物を扱っても成功するはずである。

どんな状況でも自分がやれば成功する。経営者はそういう自分を作ることである。

第三章 『開運マネジメント』ガイド

先陣を切る猿田彦《さるたひこ》の神

私は著書『神社で奇跡の開運』（TTJ・たちばな出版刊）でご神霊による道開きについて書いたのだが、この章では、マネジメントの側面から見た道開きについて取り上げてみたい。

大きく分けて、道開きには三つある。

代表選手が猿田彦の神。猿田彦の神様というのは、まさに道開きの神様である。猿田彦の神には面白い話がある。伊勢の猿田彦神社に行くとわかるのだが、掛軸にも絵にも松が出てこない。

以前、松の枝に鷲が乗りかかっている絵を奉納したいという人がいた。ところが、その絵を見た宮司さんが言ったそうである。

「この絵だけは困ります。当神社での伝統として、松が描かれているものは受け取れません」

猿田彦の神は「まつ」が嫌い。待つのが嫌いなのだ。じっとしてないで、先頭を切ってパーッと行く神様である。つまり猿田彦の神の道開きというのは、『古事記』『日本書紀』『古語拾遺』などの神典に見られるように、「こっちですよ」と先頭を切って人をガイドしていくものである。

ブルドーザーのような金刀比羅権現《ことひらごんげん》の道開き

これに対して、同じ道開きでも、金比羅権現《こんぴら》さん、つまり金刀比羅の神様の道開きは、猿田彦の神とは大分違う。

「ことひら」とは事（こと）を開くことである。英語で言うとアイスブレイク。氷が一面張りついているときに、張りついてる氷をパリンパリンと割って、そこを進んで行く。人が沈黙しているところをパーンと破って、それから事開きに行くことである。

江戸時代の中ごろに、尾張の「きの」というおばあさんが神がかって如来教が生まれたが、「きの」に神がかったのが金比羅権現である。

如来教というのは、その後の天理教、金光教、黒住教、大本教、さらには世界救世教、生長の家といった民衆宗教の根っこに位置する宗教である。新しい時代がやって来るんだという「お告げ」によって、大衆の中の女性シャーマンが教祖となる宗教の始まりが、この如来教であった。

長い暗闇の封建時代、金比羅権現が民衆の中に降りてきて、「新しい時代がやってくる。人々が平和で暮らせる明るい時代がやって来る。今までのやり方は全部覆ってしまうんだ」と「お告げ」があった。確かにこの後、明治維新が起き、新しい時代がやって来た。金比羅さんがいると、長く硬直していて、どうしようもないというときに、その氷をばりばりと割って、何か新しい兆しを出してくれる。

国之常立《くにのとこたち》の大神の幸魂《さきみたま》である。

先頭に立ってガイドするというよりも、氷を割って道をつける。膠着状態をうち破って道を開いていく。これが金比羅様の道の開き方である。

海路を開く知恵。住吉の神様

もうひとつ、住吉の神様も道を開いて下さる神様である。

もっとも、神社の神様で道を開かない神様というのはいない。あるいは、せっかく開いた道を閉じる神様というのもいない。どの神様も道を開くのだが、開き方に微妙な違いがあるのだ。

住吉の神様はどうかというと、海の神様である。

海路、海の道を開く神。すなわち、世の荒波を乗り越えていく知恵と言葉と息吹を人に与える、道を開いていく。どこを行けば安全かという微妙な状況判断をする道開きである。

「ここに風が吹いたらあっちが時化《しけ》になる。早めに準備したほうがいいぞ」

「こっちのほうに雲が出たら風が吹く。早いうちに帆を変えて、何時までに島へ着かないと危ないよ」

と、微妙な風の変化だとか潮の変化を読み取って、安全に海を渡っていくという道開きなのだ。

また、住吉の神様は大阪の産土《うぶすな》の神様である。大阪の人たちは、この住吉の大神様のご性格を受けているので、いい噂も悪い噂もさーっと広がる。関東人の三倍は電話もしているだろう。それが主婦ともなると、わーっと果てしなく言霊《ことだま》の台詞が出てくるわけだ。

私も関西の生まれ。もしも私が他の地方に生まれていたら、深見東州の膨大な講演会も著作もなかったのではないかと思う。なにしろ、どんなに頭が痛かろうが気分が悪かろうが、たとえ胆嚢か腎臓か肝臓が衰弱していても、口だけは動くのである。

私の最後の守り神は、住吉の大神様という感じがするほどである。

海路を開くといっても、「こっちに行け」と教えたり、「あっちから風が吹いて危ないぞ」と予知したり、波が荒ければ「みんな、頑張って早く漕げ、もっと早く漕がないと間に合わないぞ、満ち潮になったら危ないぞ、引き潮のうちに行け、早く漕げ、ぐずぐずするな」という言霊の力でもある。

住吉の神様は、言霊の神様なのだが、ただ単なる言霊の神ではない。

船を操作するには団結力がいるし、タイミングもいる。状況判断をちょっと誤ると嵐に巻き込まれる。嵐に巻き込まれたらどうすればいいか。言霊の力によってみんなを一致団結させ、その強力な推進力をもって、海を無事に渡るわけである。

そういう意味で、住吉さんは、世の荒波を乗り越えていく知恵だとか言葉、息吹を与えて下さる。現実界の中で、ビジネスでも、宗教でも、政治でも、教育でも、芸術でも、強力な推進力をもって道を開いて下さるのである。

神様はオールマイティー

これが、猿田彦の神様と金比羅権現様と住吉の神様の、道開きの違いである。比べると、住吉の神様は幅は広く、人間生活により密着している……そんなことを言うと、猿田彦の神様が住吉の神様にもの申すかもしれない。

「すると、私は密着してないわけですか？」

「いやいや猿田彦さん、密着してますよ」

「私は氷が張ってなければ守護しないというふうに……」

「いやいや、金比羅権現さん、そんなことはない。立派な神様でございます」

住吉の神様ならそう言うだろう。

金刀比羅の神様も猿田彦様も、もちろん何の神様でもオールマイティーである。金比羅さんでなければ、氷を割ってくれないということもない。神様はみなさん、何でもできる。けれども、それぞれの神様のご性格を見比べると、とりわけそこに特色があるということなのだ。

銀行から借金するのが上手な「あの神様」

では、真剣勝負のビジネスシーンで、いったいどういうときに、住吉の神様は動いて下さるのだろうか。

なんと、住吉さんの、世の荒波を乗り越えていく知恵と言葉と息吹というのは、銀行からお金を借りるときに、大いに役に立つ。強力な味方をしてくれるのだ。

銀行からお金を借りるときに、猿田彦の神様が動かないということではない。金刀比羅の神様が動かないわけでもない。猿田彦さんや金比羅さんが自分の地域の産土神様だったら、そこに祈れば聞いては下さるのだが、それでも足りない時、とくに銀行融資で困っているときには、住吉の神様にお願いするのだ。

つまり、神道的に言えば、「こと分けて申さく」。事柄を分けて、あるいは言葉を分けても、この事を何とかお願いいたします、と。

世の荒波、ビジネス戦線、流通戦線の中で、中小企業の経営者は会社という小さい船の舵取りをしている。波の読み方を間違って、大きな波なのに救命道具も持たずに来てしまうことだってある。

乗り組んでいる船員は状況判断もできず、意志も弱く、海図も読めず、とにかく一生懸命漕ぐだけ。船長だって大差ないかもしれないが、根性だけは負けないと頑張っている。

中小企業のオーナーというのは、ディンギー・ヨットかポンポン船か伝馬船みたいな、小さな船の舵取りをしているのと同じである。ちょっと油断したり、風の計算が甘かったりすると、横波を食らったり突風に吹かれたり、いつ沈んだっておかしくない。気がつけば船底に穴が開いていたりもする。

新しくても小さなボロ船である。やはり、流通経済、景気、これからの経済の動向、マーケット、顧客のニーズという波を読んでいかなくてはいけない。風も吹く、潮も荒れる、満ち潮も引き潮も来る。いい漁場があって、たくさんの船が魚を捕っているからと入っていくと、嫌がらせにぶつけられたりもする。

調子よく波に乗ったら、「なかなか乗ってますね」と言われるだろうが、波から外れると冴えない。会社の業績を立て直すにも、どこをどうすればいいのかよくわからない。そういうときに必要なのが資金である。

人、物、金がなければ会社は存在できない。まず人。全員死んでしまったら、いくらお金があっても物があってもしようがない。人、物、金の順序どおりに、まず人である。お金があっても買う物がなければ、経済は成り立たない。だから次は物だ。そしてお金である。三つは同じくらい大事だが、お金がないと事業はできない。

もちろん自己資金もあるだろうが、当然、そんなもので足りるわけはない。事業が進んで、つまり波に乗ってきたとき、横波を乗り越えるための「風」というのは資金である。だから銀行からお金を借りようとする。

しかし、銀行は預金だけ勧めて、なかなかお金は貸してくれない。「貸せません」なんて言うのではなく「信用保証協会というのがありまして」と信用保証協会を巧みに勧めて、貸しはしない。銀行の融資係というのは断りのプロである。相手の感情を害さないように、かつ銀行が損しないように、上手に断る。そういう練習をしているのだろう。そういう境遇に生きる銀行員も大変だなあとは思うには思うのだが……。

銀行は敵か味方か

私が経営に携わっていた会社のメインバンクはS銀行だったが、こんなことがあった。

あるとき、窓口業務の終わった時間にS銀行にいたら、

「ピンポンピンポンポンピンポンピンポン」

と鳴って、拍手がぱちぱちぱちぱち……何だろうと思った。

「何なんですか、これ？」

「いや、計算が合ったわけです」

「合わなかったらどうなるんですか？」

「それは合うまで計算しますよ」

最近は知らないが、お金の計算がたとえ一円でも合わなければ、夜十時、十一時まででもやるということであった。

こんな話もある。私の友人がK銀行に勤めていた。大学時代に仲の良かったY君である。よく朝礼で、

「昨日は私のミスのために、みなさんを十一時半まで会社にひきとどめまして、申し訳ありませんでした。再びこういうことを行いませんので、お許し下さい」

とやったそうである。週に二、三回やると言っていたから、相当のうっかり者である。そのせいか、K銀行にはお金を預ける気がしない。しかし、銀行とはそれだけ細かいことをチェックするところなのである。ましてそれが融資係になると、個人的には「きっと貸して欲しいんだろうなあ」と思っても、業務だから、ともかく上手に断るのである。

ところで、銀行の傘説とか芸者説とかいうのをご存じだろうか。

銀行というのはお天気の日の傘と同じで、いらないときに「どうぞ、どうぞ」と言う。雨が降って本当に貸してほしいときには貸してくれない。ちょっと待て。雨が降ったときにこそ傘がいるんだ。

芸者説。金のある客だと「いやー、いらっしゃーい、どうもー」と、三味線じゃんじゃんじゃんじゃん。金がなくなると、さーっといなくなってしまう。

預金だけはしてくれなんて、虫のいい話もないものである。本当に銀行というのはそういうところである。だから私の著作の中でも、言葉の端々に、銀行に対する言うに言われぬ思いというのが出てきてしまうのだ。

銀行マンの読者がいたら申し訳ないが、中小企業にとって銀行とは、共通の敵とまでは言えないものの、少なくとも味方なのか敵なのか、よくわからない存在である。お金があるときは味方のように見えても、お金のないときは敵に見える。

しかしそれでも、銀行を味方に引き入れなければ、会社はやっていけない。

業績が上がっていけば、その分、変動費が増える。もちろん固定費も増えるのだが、主に変動費が増えていく。売上金の回収は後だから、どうしても短期借入金での資金繰が必要になってくるわけだ。株式会社の基本的な資金調達方法は株の発行である。株を発行してキャピタルを増やすのが原則。だけれども、普通は「株の発行＝他人資本＝人様から借金」をするよりも、銀行から借りる。

で、銀行から借りざるを得ない。借りざるを得ないのだが、借りた実績がないと銀行も貸してはくれない。適度に借りて返すという「銀行とのおつき合い」、何が何でも支払をしているという「実績」を作って初めて（金がないときもあるような顔をして）本当の意味での借金ができるのだ。

銀行から資金調達ができないと、売上が上がってきて、人を増やしたい、新しい店（工場・事務所）も借りたいというときに資金がショートする。銀行との「上手なおつき合い」というのができないと、なかなか、会社の経営はうまくいくものではない。

メモと涙は重要な武器である

中小企業のマネジメントをしていくうえで、銀行との「おつき合い」を避けることはできないわけだが、そのつき合い方にもポイントがある。

銀行に行って話をしていると、相手の担当者はメモをサーッと取る。このメモが曲者。絶えず細かいメモを取って、以前こちらが言ったことと矛盾がないかどうかをチェックしているのだ。ひとことでも違ったら、

「前に、こういうふうにおっしゃってますが」と突っ込んでくる。

よほど記憶力がよくないといけない。こちらも同じようにメモを取っておくと

いいだろう。ニコニコしてはいるけれども、変なところに金を貸して回収できなかったら銀行も大変。もっとも、担保を多めに取って、銀行は損をしないようになっている。それでも今は、担保に入れた物が換金できないような社会情勢だから、貸し倒れにならないよう、緊迫している。

それに、一円合わないと夜十時、十一時まで連帯責任。ストレスの溜まる仕事である。S銀行の某支店長代理と話をしていたときのことである。

私が、

「我々も、従業員がああだこうだと言ってね。泣きたくなりますよ。ときには本当に死にたくなります……」

などと話していたら、その支店長代理はハッとして、

「いやー、私もS銀行に勤めて十何年になりますが、週に一回は、目が覚めたときに、このまま死んでたらいいなあと……何回思ったかしれません……」

と涙を流すのだ。

「だけど家族がいるから。家族のために頑張って、今まできたんですよねー」

笑顔の中に、涙がツーッと出てくる。

それを聞いて隣の次長が、

「何を言ってるんだ。僕なんか、毎日思ってるよ……」

次長もまた涙をポロポロと流すのだ。

ただただ、家族のためにと頑張ってきた。

それを見て、私の銀行に対する長年の憎しみは消えていった。

銀行も大変だ。世に坊主と学校の先生と銀行マンはスケベだという。飲み屋でハチャメチャに騒いでいるのを見たら、先生か銀行員か坊さんだと思えともいう。最近は神主もそうだという話もあるようだが、それは、普段ニコニコといい顔をしなくてはならない反動なのだ。世の中という荒波は真剣勝負の場なのである。

あのマルサに勝つ方法

いかに合理的で合法的で賢明な納税をするかということも、中小企業の場合は考えなくてはいけない。とくに売上が上がってくると税務署に目をつけられる。

私と国税局とのささやかな思い出でも、税務署が主役であった。

話は横道に逸れるが、私の親類に大阪国税局のトップを務めた人物がいる。もう年をとっていて、昔、私が営業マンだった時分、東京で会ったときにアドバイスをもらった。

「君、営業をやっているんなら、ふたつのことをアドバイスしよう。ひとつはね、業界紙を読みたまえ。業界紙を読んで、業界の流れ、経済やマーケットや流通の先を常に勉強することだ。その大きな波に合わせてやっていかないと、どんなに営業してもだめ。努力が生きない。もうひとつ。営業というのは心理学だからね。学問というよりも、人間の心理とはどんなものか、絶えず研究すること。営業マンなら、このふたつを勉強しなきゃいかんよ」と。これは、いまだにきちんと実行している。

私たちも税務調査をされたが、私たちのグループはこれ以上ないほどキチンと税務署の指導通りの経理をしていた。だから、どこをどう調べても、税務署の結論は「シロ」だった。それこそ今度は『マルサに勝つ本』でも出そうかと思っているほどである。では「マルサが来たらこまるさ」という人に、マルサが来たらどうしたらいいか、税務署に勝つ究極の方法を教えよう。

それは何か。それは、税金を納めるということである。「なんだ」と思った人は気をつけたほうがいい。私が言っているのは、ごまかさないということである。これを簡単に説明すると、入りをごまかすと脱税、出費をどうするかというのは見解の相違であって、違法ではない。

税務署というのは超能力者である。あなたがどんなに上手にごまかそうとしても、あちらのほうが上なのだ。これは間違いない。中途半端に隠し事をしても、たちまち見破られる。まず目でわかる。それならばと、「安全な目」というのを研究しても、今度は耳の動きでわかったりする。ごまかそうとか、してやったりと思うと、その時のムードでもわかるらしい。いくら帳簿がきちんとできていても、電話帳だとかメモだとか印鑑だとか、原始資料というのがある。それを見ていくと、必ず矛盾が出てくる。税務署というのは超能力者、霊能者の集団なのである。

霊能者に勝つには何も思わないで対するのが一番だ。霊能者に会うときに、霊能者に勝つために何かしてやろうと思うと、その思いが霊能者のアンテナにピッとかかるものだ。何も思わなければ霊能者にもわからない。

すなわち税務署に勝つには、合理的な納め方はするけれども、ごまかそうなんて思わないことである。すると目が輝いて、相手も安心するのだ。その年の決算がちゃんとできていたら、遡って調べたりはしない。ごまかそうと思うから、何かあるぞと感じて調べに来る。何も出なくても、調べる以上、向こうも「お土産」がないと帰れないから強引にやられる。やはりきちんとした正攻法が一番強い。

我々も過去に、税務署には散々お世話になったが、その原則を貫いていたために、結局、何も立証もできずに引き上げた。少しくらい見解の相違があっても、不正は一切ない。結局そのほうが勝つ。大きい声で自信を持って「こうだーっ」と言いきる。その迫力と目の輝きで、「もういいです」となるのだ。

それでも理不尽なことを言われたら国税不服審査請求ができる。どう考えてもきちんとしているのに税務署はおかしい。あの税金の取り方はおかしいと思うのなら、泣き寝入りしないで国税不服審判所に不服審査申請をする。不服審査申請まで行った人で勝つ人は意外と多い。だから、不正もなく、おかしいと思ったら大いにやるべきである。

そこまでいかなくとも、税務署は書類だけでなく、その人の内なる波動、叫び、あるいは目を見ているものである。不正さえなければ恐くないはずだ。思いきって、大いに議論闘争すればいい。堂々とやるのが一番である。

税務調査を乗りきる究極の方法

ところで、税務調査のときには、鹿島神宮（茨城県）に行くことをお勧めする。鹿島の神様は武の神様。剣の神である。だから、自分よりも強く、賢く、知識も理論もあり、直感力と超能力の発達している税務署が来るときには、とにかく鹿島の神様に行くとよい。

税務署の通常の調査というのは、三日から五日前に予告がある。予告があったら、さっそく鹿島の神様に行って、お祈りする。

「税務署が来ますけれども、私はきちんとやってます。不正もありません。ただ、見解の違いがあるかも……と思うところもほんの少しあります。最小限度にしていただけますように……できれば何事もないようにして下さい。しかし、神様の目から見て、これは良くないと思われたら、これは、私も経営者、覚悟はできてます……ただまあ最小限度でお願いします」

そうしたら息吹を与えてくださる。後は勝負である。絶対に負けないぞという気迫が大切だ。武術と同じで、立ち会いの勝負で決まる。だからこそ、税務署が来るときには、鹿島神宮が一番力強いのである。鹿島の神様でなければ、三宝荒神や三峯《みつみね》神社（埼玉県）もいい。

そうやってガードを固めれば、自分ではない何かすごい力で主張することができる。絶対に逃げず、引け目を感じないで、真正面からぶつかる。税務申告があるごとに、技を磨けばいいのだ。税務署との戦いの場合、住吉の神様は向かない。

上手な事業計画書の作り方

ところで、銀行対策の時に、「勝負！」なんて深刻な顔で行ったら奇妙である。銀行に気合と気迫は似合わない。やはり銀行は住吉さんである。住吉さんは荒々しい神様ではないのだ。

銀行は税務署とは違う。税務署というのは、税金を納めていない相手には隠してるんじゃないかと疑い、納め過ぎても、もっと隠してるんじゃないかと疑う。性悪説で仕事をするところである。銀行というのはそこまではいかない。結局、一定の要件さえ満たせば、いいところには貸したいと思っている。

さて、その要件は何かというと、事業計画書である。

もちろん、計画書どおりにいく事業なんてない。しかしながら、少なくとも経営者のビジョンを出さなくては信用してくれない。これくらいの資金、これくらいの規模でやれば初年度はこれくらいの上がりで、これくらいの利益が出るという事業計画書を出さないと、無計画に口で言うだけでは信用してもらえない。そもそも、事業計画書さえ出せないような経営者に融資したら、回収に不安を感じてしまうだろう。だから事業計画書だけは、ピシッと書いたほうがいい。

ところが中小企業経営者というのは、ほとんどの場合、大学で経営の勉強をしたわけではない。よしんば大学を出たとしても、大半は大学で遊んでいた人だろう。事業計画書なんてどう書いていいのかわからない。

だから銀行に提出するもっともらしい事業計画書を、すぐに作ってくれる事業計画書作成会社というのがあったら、繁盛するのではないかと思う。普通は、税理士に書類チェックを頼むのが一番よいだろう。

あるいは、元銀行マンの人に頼むのもよい。事業計画書の書き方を教えてもらう。そして、前に言ったことと矛盾しないように書く。とくに数値に関しては矛盾してはいけない。ただ、あんまり事実どおりに書くのも考えものだったりする。

これから始めようとする事業は実績がないのだから、実績はこれからですなんて言っては信用してくれない。要は豊臣秀吉の墨俣《すのまた》城である。プレハブの城。みなが、「あーっ、城だーっ」と驚いたら、それからぼちぼち本当の城を作っていく。とりあえずは、すぐに城を作らないと相手にしてもらえない。

首尾よく借りられたら、ちゃんと返せばいい。初めの一歩が難しい。どんな会社にだって、初めの一歩というのはある。初めから調子のいい会社なんて、まずない。だからどうやって金を借りるかという知恵が必要なのだ。

やはりオドオドしていては、銀行も不安になる。担保がなければ貸してくれないだろう。きちんとやれば、担保がなくても五百万円とか、支店長枠で信用があるなら一千万円とか貸してくれる。業績のいいところなら、無担保で一億円だとか六千万円貸すという場合もある。

その信用は、経営者の人物だなんてことを銀行は言うのだが、いったいどれだけその経営者と食事したり酒席をともにしているのか。そうそう人物なんてわかるものではない。銀行が人物を判断する基準は、まず洋服がきちんとしているかどうか。次に、髪型がきちんとしているかどうか。時間を守るか、言葉に迫力があるか、勇気や自信を持っているかなのである。

迫力や生命力の息吹がないと、銀行も安心できない。

担保がなければ基本的には貸してくれないのだが、担保がなくても貸してくれることもある。それはやはり、その人の言葉の真実性なのだ。前に言ったことと今の発言に変化がない、誠実で知恵があり、事業計画書がきちんとしていて、息吹を感じさせる人だったら、「あ、これだけ頑張ってたら大丈夫だろう」と融資係も信じるのだ。

銀行に提出する決算書というのは、限りなく大風呂敷に近い。粉飾と言っては言いすぎだが、装飾している会社は多い。経営者の意思に沿った前向きな拡大解釈、そういうものだということは銀行も承知である。一応資料にはするが、やはり経営者の人となりを見るのだ。最終的に貸し倒れにならないようにと、慎重に考えている。銀行もやはり真剣勝負なのである。そこに息吹と知恵と言葉とが生きてくるのだ。そして、そういうものに、総合的な推進力を与えてくれるのが、住吉の神様なのである。

資金調達の本当の意味

事業計画をピシッと作って、融資係への説得が始まる。

「これだけの資金が必要で、返済計画は短期、一年。こういうふうにします」

「お貸しいたしましょう」

「一億貸してほしい」

「一億二千万、定期預金していただけますか」

これを歩積みという。歩積みはご法度である。しかし銀行としての本音と建前は違う。歩積みの要求は（暗に）あり得るのだ。

「一億二千万の定期預金を担保に一億貸す……そんなの、誰だってできる……」

ある銀行は、しばしばこのように言う。

「だったら今までの話し合い、審査はどうなるんだ」

ああでもない、こうでもないと、折り合うまで言霊の息吹の戦いをする。

そこで、住吉さんの柔軟な言葉によって、道は開いていくのだ。

資金調達というのは、前向きに事業を展開していくためのお金を用意することである。自分にとっての帆を上げて、そこに風を送ってもらったら船は進む。あるいは潮に乗ると、船はスーッと安全に航海できる。資金調達というのは風であり、潮である。

私も、最初に予備校経営に携わったときは本当に苦労した。なにしろ実績なんかない。

大体、三年未満の会社というのは、世間様にまだ認めていただけない。だから、三年目くらいから、きちんと黒字が出るようにしなくてはならない。三年未満の会社というのは、売上は上がり、利益も上がっていたとしても、やはり借り入れているものがあるので、帳簿上は赤字になっていることが多い。累積赤字というものである。そういう部分の返済も全部終わり、さらに黒字があって、初めて本当の意味での黒字なのだが、最初の三年間がなかなかうまくいかない。五年続けて赤字を出したら倒産している。この最初の三年間が辛抱どころだ。

そういう苦しいときには、銀行もなかなか貸してくれない。A銀行がだめならS銀行があるさと言っても、S銀行もまたぐちゃぐちゃぐちゃ。M銀行にも行った。で、「もういいや。担保を探し出そう」という気持ちになったとき、借りられる可能性が出てきたのだ。

銀行は競わせるべきである。A銀行とS銀行と競わせて、神様に必死で祈り続けた結果、S銀行からお金を借りることができた。そのときに、S銀行は関西の企業なので、担当者に聞いた。

「あなたはどちらの出身ですか」

「私の出身は住吉なんです」

「あの住吉大社の？」

「はい」

「神主さんですか？」

「いや、神主ではありませんけど、すぐ側に住んでおります」

その時の感動は忘れられない。住吉の神様が守っていて下さったのだ。
小さな船を漕いでいるときに、最初に受けた波。苦しんだ末に、最後に住吉の風に助けられた。S銀行の担当者が「僕の判断で貸すことにしました」と言ってくれた。その人が住吉大社のすぐ側に住んでいる。それを聞いたとき、「金が出てくるものは住吉です」という天の声に聞こえた。今、その予備校は十九年目を迎えて順調である。分校を出して成功し、三千人近く生徒がいる。（編集部注・一九九七年当時）
その一年前のことである。住吉大社に初めて植松愛子先生（神様の道における私の師匠）と行ったとき、ものすごい雪が降った。大阪では珍しい豪雪。住吉大神が白龍となって動くときには雪を降らすのだ。神様がご発動されたという証のひとつである。この時の参拝では、神様が確かに祈りをお受け取り下さった感触があったが、どう受けてくれたのか、そのときには何もなかった。それが一年経って、予備校を出すときに、最後の最後にパーッと資金の風が吹いてきて、担当者の出身が「住吉」である。去年お参りして、お受け取り下さった住吉大神が、こういうところで船を出す風を与えて下さった。船出ができるようにご守護下さったのである。私は大変感動したものだ。二十六歳の頃である。

それからは、野末陳平さんの書いた『頭のいい銀行利用法』など、銀行といかにおつき合いするかといった類の本を、いくつもいくつも読みあさった。もっとも内容は、自分で経験してきたことと、さほど変わりなかった。でも野末陳平さんの『頭のいい銀行利用法』というのは、なかなかいい本であった。経営者にはお勧めである。よく売れていた本らしい。

最終的には住吉大神様である。それで大きな荒波をポーンと越えて、船出ができたわけだ。なんだかんだ言っても、まず銀行からお金を借りないことには何もできないのが現実の世の中である。

ダイレクトメールの真髄

私の場合は教育事業だったから、人々に知らしめるために、宣伝広告が重要となる。といっても当初は資金がない。だから葉書を出すことにした。

葉書が上手に作れたら、どどっと問い合わせがくるだろう。葉書が今イチなら、問い合わせはゼロに違いない。そこで、どういう葉書ならたくさん問い合わせがくるか、葉書一枚の文章を二〜三日寝ないで研究した。葉書代、印刷代に宛名書き。費用もかけるのだから、真剣勝負である。

そして、成功と失敗を繰り返した結論はこうである。

生徒、つまりお客様に来て欲しい、何としても来て欲しいと思って書くと、全然ダメだ。何か商売的な感じ、無理を感じて、胸に響かないのだ。欲心、焦りがあると、文面が緊迫する。

「この葉書を見た人に喜んでいただいて、幸せになっていただいて、もし縁があるならば、責任を持って教育して、希望する学校にきちんと合格できるように頑張ります、神様」

神に誓いをたて、葉書を読む人を連想して、喜んでいただきますようにと真心に徹する。そういう気持ちになって書いた葉書というのは、やはり温かみがある。

その結果、

「何か知らないけど、行ってみようかなー」

ということになるのだ。何ということはない、日頃の私の考え方を書き出しにしていろいろ書いたら、それがいいと、いい生徒ばかり来た。

いい生徒というのは、大したことを教えてなくても、どんどん成績がよくなっていき、最後に「ありがとうございました」と言う。よくない生徒というのは、やってもやっても伸びない。そしてブーブー文句を言う。学校をやめるときにも、他の生徒に文句ばかり言って去っていく。

来てくれなきゃ困るしなあ、来て欲しいなあなんて、欲心だとか、心配だとか、惑いとか、そういうものが頭や心の中にあるときに書いた葉書は、本当にだめだった。文面がどろどろしていたり、もやもやしていたり、何かこう暗かったりするのだ。

温かい、優しい感じがする、そういうものはやはり人の胸を打つ。

後で本を書くようになったり、チラシを出したり、パンフレットを出したりするようになっても、そのときに勉強したことがやはり活きてきた。

「人が見てとにかく喜んでいただけますように、幸せになっていただけますように」と、ただそれだけを思って書いた文章、チラシ、葉書、案内というのは、温かみがある。優しい温かみがある。そしてそれは胸を打つものであり、人の心が開いて、申し込んでくれるのだ。

これこそが、チラシやＤＭ作りの本質である。

考えてもみてほしい。追い込まれて、

「申し込んでくれなきゃ困る。これだけ費用をかけたんだから、来てもらわなくちゃ赤字になるし、潰れてしまう」

なんて思ったら誰でも緊迫する。もちろん、無理もないのだ。それだけの広告費をかけてやるのだから、広告、チラシの投下費用に見合った分だけ客が来なければ赤字である。しかし、

「果たしてお客様が来るんだろうか、果たして生徒が来るんだろうか」

そういう思いで作ったチラシには、そういう思いが宿ってしまう。皆さんはそうは思わないだろうか？　チラシを出す人、広告を出す人も、読者の中にはいるだろう。そこに充分に注意していただきたい。人が見て、何か嫌な感じがする広告というのは、そうした思いが宿っているのである。

そういう惑いを越えて、とにかくお客様が喜んでくれたらいい、いい教育内容を提供して喜んでくれたらいいという、真心とか思いやり、優しさ、そういう思

いに満ち満ちて、パンフレットやチラシは作っていただきたい。

　この予備校を最初に出した頃、本当に追いつめられたとき私は、

「住吉の神様、この葉書一枚に、私は何百万円もかけます。葉書代、宛名書き、名簿代、印刷代、レイアウト代。これでだめだったら予備校が潰れます。広告費というのはこれだけしかありません。なにしろ始まりです。なにしろ中小です。どうぞ住吉の神様、あなたが言霊の神様、言葉の神様とおっしゃるのならば、人々が本当に感動して、ああ、この学校に行ってみたいなと思えるような葉書を、どうぞ、私に書かせて下さいませ」

　祈り続けた。そして、いくつか失敗があって、パーンとわかった。そういう思いになって書いたときに、問い合わせがいっぱい来たのだ。これは住吉の神様に祈りつつ、私が教えていただいた、パンフレット、チラシ、ダイレクトメールの作り方の極意である。

真心と愛と住吉大神

住吉の神様を思い浮かべて、祝詞を何回かあげて、

「住吉の神様、真心で書かせたまえ」

と、そこに神様がいらっしゃると思って、顧客に対する「真心と愛」に徹しきって書く。自分では書かずに業者に頼む場合も、業者が来る前にきちんとお祈りしておくことが大切である。

さらに、業者と話して、業者が帰った後には、

「あの業者さん、ドジしませんように、ドジしそうになったら住吉の神様がおかかりになって、ドジヘマしませんように」

と祈る。祈ってもドジヘマはするものである。ただ、印刷屋をどうチェックし、注意したらいいかが、ふっとひらめいてくる。色使い、文字の配列、つまりレイアウトもひらめいてくる。

そういうものを、みんな住吉の神様が開いていく。

世の荒波を乗り越えていく知恵と言葉と息吹。その荒波を乗り越えて、ただ行

くだけではない。世の荒波の中にいろんな魚がいる。その魚に来ていただかないと漁業が成り立たないように、私たちは魚を釣らなければならない。

どの風で漁場に行き、どんな餌をつけて、どんな仕掛けでやれば魚が釣れるか、その知恵を神様にいただく。相手は神様だから、やはり、愛と真心で貫かないと守っては下さらない。

葉書、チラシ、ダイレクトメール、パンフレット、あるいは文字や活字で何かを表現するのは、言うなれば風であり、餌であり、仕掛けである。住吉さんのおかげを頂き、言霊で客の胸を打ち、もし客がやって来たら、目一杯いいサービスをして、喜んでいただく。来てくれた客に「また来てみたいなあ」と言ってもらえるような運営を考える。それが経営者の良心というものである。

断っておくが、ただ祈ればいいというものではない。努力はしなくてはならない。努力をする中でも知恵をいただく。すると、言葉をどう選べばいいか、どういう業者にどう言えばいいか、どの言葉がキーワードなのかがわかってくる。何となく温かい、何となく行ってみようかなという気になる文字、レイアウト、チラシ、電話の声もわかってくる。

そういうもので、人は動くのだ。

人が動かなくては、売上も上がらない。

ビジネスにおけるあらゆる要件を満たすのが知恵と言葉と息吹。関西の経済を司る住吉の神様というのは、素晴らしい神様である。大阪にあるときは、産土様としてオールマイティー、しかも、貿易立国日本というのは、海路を開く住吉の神様がいらっしゃるがゆえに成り立っている。大きいところでは大きい守護をなさっているわけである。

全国区で、つまり関西以外から住吉の大神様に参拝に来てお願いをしても、そのスペシャリティーに合っていたらOKだ。遠くのほうから神様を思い浮かべ祝詞を上げても、ぴたりと守って下さる。住吉の神様は自在に応用できるのである。ところで私の葉書体験というのは、実はヒントがあった。それは住吉の神様の歴史からである。それも歌の歴史、短歌の歴史なのだ。

古来、勅撰和歌集に一首なりとも入れていただくというのが、歌詠み人にとっての永遠の名誉。死んでもいいくらいに嬉しいことであった。

『平家物語』にも、源平の合戦で戦に出立する前に、ある歌詠み人が「私の作ったこの歌を、どうか勅撰和歌集に入れていただけないだろうか」と持って行ったという話が書かれている。それほど、勅撰和歌集収録というのは、歌詠み人にとって名誉なことだったのだ。

「生涯に一首なりとも、勅撰和歌集に収録されるような歌を私に詠ませて下さい」

そういう祈りを込めて、歌詠み人が住吉大社に参拝した歴史がある。二十一日祈願をしたり、お百度を踏んだり、月々お参りに来たり、繰り返しお参りに来た歌詠み人というのが、平安時代以来、室町時代、鎌倉時代、もちろん江戸時代にも明治時代にもたくさんいた。

和歌というのは、意味さえ通ればいいというものではない。意味がわかって、次に歌の調べが良くなければ、芸術とは言えない。歌の中の意味つまり芸術的な捉え方、そして詠んだときの調べ。そのふたつで芸術としての短歌の品格が分かるのだが、そういうものを作らせてくれと、歌詠み人が住吉の神様に祈ってきた。

歌詠み人にとっては、住吉さんは和歌の神様なのだ。

その歴史がヒントになった。

「勅撰和歌集に残るような歌を詠ましめたまえ」

と祈って、歌詠み人がご守護いただいていたならば、

「私の葉書を読んだ人が、ああ、この予備校に行ってみたいなあと思うような葉書を書かしめたまえ」

という祈りも効くはずだ。私はそう考えた。

もちろん祈るだけではない。努力しなくてはだめである。どういう気持ちになったときに、そういう葉書を書くことができて、どういう言葉使いをしたらいいのかといった細かい注意項目は、自分の知恵に出てくるのだから、努力する方向性と、努力するプロセスの中で神様から知恵をいただく。つまり、自分の「創意工夫の努力の方向」を導いていただく。「あ、こういうレイアウトをしなきゃいけないんだ。こういうふうに宛名を書いたほうがいいな」といった知恵を授かる。

あなたが銀行の融資係だったら、融資申し込みを断るときに、

「住吉さん、相手が喜ばないまでも、どうぞ相手を傷つけないで、それなりにちゃんと事業もいきますように」

というお願いをする。

私も昔、銀行の融資係には本当に腹が立った。恨むというのではないが、癪に障っていた。しかしそれもS銀行の支店長代理と次長の話を聞いて恨みが解け、それからは銀行マンを愛しく思っている。でもまあ現実はそうはいかないから、また腹が立ったりもするのだが……。

だからお断りをするときにも、

「私の会社ではちょっと難しいけれども、どこかでできますように」

という気持ちを持って、相手を傷つけないで済むようにお祈りしておく。言葉がいるとき、文章がいるとき、電話をするとき、その前に、住吉さんにお願いする。本当に素晴らしい力を与えて下さるだろう。

住吉の神様のそういうご守護が、結局、世の荒波を乗り越えていく知恵と言葉と息吹を与えていくのだ。すなわち海路の道開きであり、言霊の神である。事業に動かれる住吉の神様とは、銀行の金を借り出すだけではなく、そういうおつき合いをするのが一番いいと教えてくれているのではないかと思う。

操船も同じである。船をどう操ればいいのか、潮の向きを考え、風向きを考え、荒波を乗り越える舵の取り方、帆の立て方、漁場を探す知恵、釣り方、仕掛、餌、みんな住吉の神様が教えて下さる。船の操船は世の中の荒波を越えていくことと似ている。

会社の経営に関して、私はそういうふうに住吉の神様に導かれてきたのである。住吉大社を参拝したときに、住吉の神様がこうおっしゃった。

「祈りさえすればいいというものではない。どうすれば神と人とがうまくつき合えるのか、みなに教えてやれ」

と。それで私は、こうした著作を書いているのだ。

なお、ここにご紹介した住吉大社や鹿島神宮などの、もっと詳しい説明は、『神社で奇跡の開運』（ＴＴＪ・たちばな出版刊）を参考にしていただきたい。

第四章　『人材マネジメント』の利用法

住吉大神の従業員選び

前の章で、ビジネス開運のマネジメントを解説したが、この章では、人材のマネジメントについて解説していきたい。これもまた住吉大神様が教えて下さったことである。

題して「住吉の神様の教える従業員の選び方」

私はいつも「中小企業に、いい人材なんか来るはずがない。だから、自分の会社にはいい人材がいないだとか、従業員の質が低いなどと、経営者は絶対に思わないように。思っても口に出さないように」と講演で話し、本にも書く。繰り返してそのことに言及するのは、中小企業のマネジメントにおいて、それが非常に大切なことだからである。

優秀な者は大会社に行く。友達か、親戚か、一緒に会社を作った人以外は、何か問題があって来るのが中小企業の従業員だ。ランクを分けるとすると、やや問題あり、かなり問題あり、非常に問題あり、信じられないくらい問題が多いの四ランクである。それが中小企業に来るのだ。

会社が成長すれば、それにつれていい人材も来るだろうが、創業時は九十パーセント以上、社長の商売の才覚のみでやるしかない。従業員の質がどうのこうのと考えないことである。従業員は水を汲んでくるだけでいいと思い定める。

「はい、もしもし、今社長にかわります」

ただそれだけでいい。

そのレベルで見て、少しまし、ちょっとまし、だいぶまし程度のクラス分けをするのは、まあいいだろう。

中には「このままじゃ、とうてい世間様ではやっていけないだろうなあ」という人もいる。そこを温かく迎え入れてあげるのが、中小企業経営者の「腹」というものである。本人だって「やっぱり、ここ以外では働けないだろうなあ」という自覚を持つものだ。社長もそう思っている。お互いがそう思いながら、五年、十年経つと、どんなに馬鹿な社員でも仕事を覚えていく。そこを信じて、このレベルからスタートしないと、とても中小企業というのはやっていけるものではない。

掘り出しものはそこにいる！

中小企業でも、応募や紹介で来た中から、選択できることもある。ひとり欲しいところに三人来た。さてどの人を入れようか。

どれも大したことない。大したことはないが、その内のひとりを選ばなくてはならない。仕方がない、とにかく人手がいるからひとり選ばなくてはならない。

そんなときに役に立つのが、これから説明する「掘り出しものの発掘方法」、すなわち従業員の選び方である。と言っても、中小企業は大会社とは違うのだから、当然、従業員選びのコツも、大企業のそれとはまったく違う。優秀な人材の中から選ぶ方法などではない。

ただ、最近の就職戦線は厳しいから、中小企業にはチャンスである。「明るく未来を展望する我が社」ならば、少々苦しくてもこのチャンスに乗じて、従業員を大いに募集するといい。

とは言え、これはレアケースである。いつもと同じように、どうしようもない人間の中からとにかく選ばなくてはならない場合、掘り出しものをどうやって発掘するかが問題である。

人材面での住吉の神様の知恵はどういったものであり、私自身が普段どう心がけているのか、私のグループ企業内のことをご紹介しよう。つまり典型的な中小企業のケースである。

講演の中では実名を出して話すことが多いが、ここでは仮名にしよう。最近はスターになりつつあるが、S君とN君というのがいる。

S君というのは兵庫高校を卒業して、実家の饅頭屋で働いた後、今では私のグループで幹部職員として働いている。文章は書けるし、仕事はきちんとしているのだが、どうも命令系統というものがわかっていなかった。饅頭屋というのは言われたことをその場その場でやる仕事だから、組織の中での経験がないのだ。それでも、それは何回も訓練していくうちにやがて覚えてきた。

N君というのは北海道出身。お父さんは大工である。

お父さんは家業の大工を継がせたかったのだが、N君はそれを嫌って東京に飛び出し、アルバイトをしながらカメラの専門学校に通っていた。

では、カメラの専門学校を出て、首尾よくカメラマンになれたかというと、世の中それほど甘くはない。就職した先は電器屋で、そこの小僧をしていた。その後、客が一日に五～六人しか来ない新小岩の喫茶店の店長をし、さらにその後、煎餅屋の配送をしていた。関東で言えば煎餅、関西で言えばおかき。だからN君の運転というのは、ライトバンでおかきを運ぶ感覚だ。彼に車の運転を頼むと、私は、まるで自分がおかきになったような気分になってしまう。ブレーキを踏むときも、ギューッと踏みきってしまうものだから、最後にガックンと止まる。

「N君、赤信号のときはね、早目からブレーキを踏んでおいて、止まる寸前に、すっとブレーキをゆるめるとゆっくり止まるからね。踏みきるとガックンだからね。僕はおかきや煎餅じゃないんだから。天皇陛下を乗せてたらどうなんだろうかとか、せめてスティービー・ワンダーとか、沢口靖子さんを乗せてるつもりで丁寧に運転してよ」

二十七歳のときに私のところへやって来たのだが、いろんな職業を経験しているものだから、まことに重宝な面もある。なにか電気器具が故障すると電器屋の小僧経験を活かして、「ん？」とひとこと、パパパパッと、すぐに直してしまう。私の最初の秘書でもあったのだが、来客があると喫茶店の店長経験を活かして、コーヒー、紅茶やジュースをさっと作ってしまう。

しかし、礼儀は知らない、教養もない。およそ口のききかたも知らない。仕事も、お茶汲み、電話番、コピー取りといった、女の子がする仕事しかしないうえに、女の子がコピーを取りに行くと、やたら気安く声をかける。

「Nさんの前だとコピーしにくいんです。話しかけられて仕事が進みません」

とにかく苦情がくる。

「ねえN君、君が一生懸命やっているのはわかるんだけれどねえ、女の子のするようなことばかりやっていてはだめだよ。男ってのは、最終的には会社でも組織でも、頂上を極めようという気概を持たなくちゃ。

会社で言う専務取締役以上になろうと思ったらね、財務がわかってなきゃいけない。財務がわからないと、専務取締役にはなれないんだ、普通は。だから君、授業料を出してやるから、経理学校に行って経理の勉強をしなさい。簿記二級を取ること。そうしたら、組織の中枢が理解できるようになる」

「はい」

「N君、自分の金で経理学校に行くのと、社費で行くのと、違いがわかる?」

「はい、あの、自分で行くときには身が入るけど、社費のときは……」

「そんなことはない。両方とも身を入れないといけないんだ。社費で行こうが私費で行こうが、行くチャンスに恵まれた以上、それだけ頑張らせていただいて、必ず合格しなければいけないんだー！」

「はい、わかりました」

「で、私費で行くのと社費で行くのとの違いは？」

「はい、必ず通らないといけません」

「そう、その通り！　六カ月で取るんだー！」

N君は中野の経理学校に通い、六カ月で簿記二級を取った。

「N君、簿記二級、よく取ったなあ、六カ月で。よし、今度は簿記一級だ。頑張るんだ。簿記一級を目指していけー！」

ところがあるとき、私が彼の仕事部屋をガラッと開けたら、N君が椅子の上に足を乗せて週刊誌を読んでいた。

「N君、簿記一級の試験の傾向、変わったんだねえ。週刊誌の論旨要約出るの？」

「いえ、出ませんけども……」

「君、勉強してるんじゃなかったの？　あ、こんなとこから試験出るの？」

「出ません、出ません、出ません」

「じゃ何やってるの？　仕事を免除して勉強の時間を与えたからといって、真っ昼間から椅子に足上げて週刊誌を読んでるとは何事だ！　もう簿記は二級でよろしい。一級を勉強する資格はなし！」

　N君がフラフラとしてだらしないのは、とにかく学問がないせいである。顔が引き締まらない。そこで、

「N君、鏡見てごらん。自分の顔が馬鹿そうに見えるだろう。みんなそう言ってる。顔が引き締まらないのはね、きちんとした古典に書かれている素晴らしい言葉、深い知恵の文章がインプットされてないからなんだ。お父さんが大工だから、しかたないと言えばしかたない。しかし君は、大工の跡取りが嫌だからって飛び出してきたんだろう？　僕の言うとおりに、まず『論語』から読んでいきなさい」

　と、新たな課題を課した。

「『論語』、どうだった？」

「『論語』はですね、ああでこうで」

それがことごとくポイントがずれている。

「おい待て。他の人の前でそんなこと言うんじゃないよ。一番後ろに解説があるだろう？　あれをまず読みなさい。解説を読んで、なるほどそうなのかとわかったような気分になって、それから本文を読めばいい。君が読んだところで、解説に書いてある以上に理解できるはずがない。論語を読んでどうだったかと人に聞かれたら、解説のところに書いてあったようなことを答えればいいんだ」

「はい」

それが何冊も何冊も続いた。ところが十数冊になってくると、

「N君、どうだった？」

「あ、今度はこういうところがいいと思います」

「お、なかなかいいこと言うじゃないか。ほーほーほー」

なんてことになってきた。さらに四年、五年とそれを続けていくうちに、次第に文章が書けるようになり、ものの理解力ができてきた。その昔に比べれば、顔

も本当に賢そうに見えるから、学問の力というのは凄いものである。

饅頭屋だったS君も同じである。初めて会ったときに、

「一日三時間、最低でも三十分、毎日読書しろ。活字力、理解力、読解力がなければ、饅頭屋を続けても、饅頭屋チェーンを出すことすらできないんだ」

とアドバイスした。それを彼はずっと忠実に守った結果、今では私のグループのチラシなどは全部書いている。他にも掘り出しものはいた。

S君という美容師だった男の子。二十二歳でやって来て、二十五歳でもう仕事ができるようになり、今は総合法令出版で編集の仕事をしている。

もちろん、そういうふうに仕向けてもだめな人もいる。だが、ここに挙げた掘り出しもの諸君は、私たちのグループの幹部職員になったり、取締役になっている。

この諸君に共通したポイントは何かというと、全員、気のきく子だということである。気がきいていて、何でもすぐに実践する。そういうタイプの若い人間だったら、活字訓練をして読解力ができてくると、仕事ができるようになる。頭の働かせ方がわからなかっただけなのだ。勉強し始めると、知恵をどう使ったらい

いかがわかり始め、さらに気をきかすから、どんどんどんどん成長してくる。

学校の成績というのも、大半はそこで決まってくる。高校卒業まで成績の悪かった子でも、あるふとしたきっかけで頭の使い方を理解し、ぐんぐん成績が伸びる子もいるのだ。教育とはそこが大切なのである。

そういう掘り出しものの人材は、実に楽しみである。

掘り出しものとは反対に、有名な学校を出た子でも全然役に立たない子がいる。そのような人材は「感慨」と「思い」と「大宇宙の感動」を込めて言わせていただければ、「全然役に立たない馬鹿」という表現があてはまる。

「学校で何してたの?」

「勉強」

「勉強って何の勉強?」

「ペーパーに書くこと」

実生活とか仕事では何もできない。だから書類整理をさせるだけ、要約をさせるだけである。この手の人間は他の会社に行ってもだめであろう。とくに中小企業というのは、理屈よりも先に実践しなくてはならないから、このような人材は箸にも棒にもかからない。

学校を出ている分、余計な頭脳が発達していて、かえって恐いものがある。私は、そういう従業員も何人か抱えている。どういうものか、そういう人間は冬場になるとおかしくなってくるのだ。

経理のＭ君。

他の本でも書いた昔話なので省略するが、現金残高が少ないと社長の機嫌が悪くなるからと、二十数万円しかない現金残高を二千数百万円だと報告した人物である。小切手か手形でも切っていたらと思うとゾッとするが、Ｍ君は十一月とか十二月が危ない。春先は大丈夫だ。彼は私の大学の後輩で、同志社大学経済学部卒で金融論を専攻、簿記一級を持っている御仁であるが、その俊才がそれをなさるのだ。

またこういうこともあった。

予備校の夏期講習で、上智大学のキャンパスを借りたことがある。上智大学は有料でキャンパスを貸してくれるのだ。当然、上智大学から学校に「今月末までに使用料金をお支払い下さい」という電話がかかってくる。

「おいM君、今月末までに上智大学の使用料を振り込んでくれ」

「はい、わかりました。これからすぐ振り込みます」

そう言われれば、振り込むと思うではないか。

ところが一年半後、上智大学からものすごい怒りの電話がかかってきた。

「いろいろな予備校に貸してますけれども、一年半も振り込まずにのうのうとしてる学校はお宅が初めてです。もう二度と貸しません」

えらい剣幕で叱られた。我々はぽかーんとしてしまった。

「え？　そんなはずはない。払ったはずだ」

で、M君に問いただした。

「おい、あのとき確かに払っときますと言ったよな、どうなってんだ？」

「まだ払ってません」

「何で払わないんだ」

「振り込もうと思って上智大学に電話したら、『ああ、いつでも結構ですから』とおっしゃったんで」

「いつでも結構だと言ったら一年半も払わないのか」

「いや、その後とくに払ってくれとも言いませんので」

「相手は大学なんだよ」

「いや、いつでもいいとおっしゃった」

「いつでもいいって言ったら一年でも二年でも払わないのか」

「忘れてました」

「何で忘れたんだ、何で」

「単純にただ忘却というか、忘れただけでございます」

　こういう従業員である。読んでいて恐いものを感じたのではないだろうか。

　こういうことが、創業以来ずーっとあったのだ。言えばきりがないほどで、こちらも超能力が磨かれる。何かあるんじゃないかという予知力が研ぎ澄まされる。朝、食事をしているときに、何か恐いものをピーンと感じて、ひょっとしてと電話をかけたら、危機一髪ということもあった。本当に超能力が磨かれる。

　なぜそうなるかと言えば、M君は気がきかないのだ。そこが、掘り出しものとそうでない子との違いである。では「掘り出しもの」クンはどうやって探せばいいのだろうか。「掘り出しもの」クンを分析していったら、結局、高校生活に大きく関連していることがわかった。

勉強以外の活動体験が後で活きる

我々が行う催事には規模の大きなものがある。鹿島灘だとか伊勢で開催する催事だ。これを運営するチームがあるのだが、最初は運営のやり方を何も知らないので、私が手取り足取り教えなければならなかった。なにしろ運営スタッフといえば、ギタリストに手相家、図面描きが本職である。だから、催事の段取りや準備のやり方は、すべて私が教えたのだ。

と言っても、私はイベントの専門家ではない。にもかかわらず、それができるのは、過去にそういったイベントや予備校の合宿を企画してきたからである。予備校では合宿というのはそれまであまりなかったのだが、思いきって始めて成功した。それだけ大きな規模、何千人という人を動かす術をいったいどこで覚えたかというと、実は高校なのである。

高校に入った、その年のことだ。生徒会の選挙があった。同級生にMさんという賢くて可愛い女の子がいて、生徒会選挙には彼女が立候補することになっていた。なのに、なぜだか急に取りやめてしまったのだ。

困ったのは選挙管理委員の子である。体育の時間、校庭で輪になって集合したときに、切々と訴えた。

「立候補する人がいないと困るんです。クラスからひとり立候補して下さい」

その子の懇願を聞いているうちに、全然その気持ちがなかったのに、

「手を上げろー」

という声が、腹の奥からわーっと湧いてきた。そこで、ぐーっと腹を下げて、

「いや、そんなことを言うな、んーっ」

と、声を抑え込んでいた。

「何、うずくまってるの？」

「いや、ちょっと」

「立候補する人はいないんですか？」

私はうつ伏せになりながら、腹から大きな声が出てしまった。

「おー、はいっ」

「あ、そんな馬鹿なことを」と考えているのだが、手だけは勝手に上がっているのだ。今にして思えば、守護霊様のお働きだったのであろう。腹の奥で言ってることと、実際に口をついて出た言葉とがバラバラ。そのときは、いったいどうなってしまったのかと思った。

結局、高一で行事委員長をやることになった。

その高校では、一年に一回の文化祭のときに、ファイヤーラリーというのをやることになっていた。ところが、いつも時間や運営やタイミングがバラバラで、うまくいかなかった。二千人ほどの生徒をまとめきれなかったのだ。

それが前年からは、うまくいくようになった。成功した理由は、前々年から計画書をきちんと書き始めたこと。中心はこれ、音楽係はこれ、材料係はこれ、生徒誘導係はこれ、門番はこれ、火を灯す人はこれ、道具係はこれと、何十項目というスケジュールを一枚の紙にして、秒単位で細かく計画書を作ったのだ。

その計画書を残しておけば、次の年にはそれをヒントに、進行を改善することができる。それまでは先輩達が記録を残さなかったために、手順が継承されなかったわけだ。そのことに気がついて、前の前の生徒会長から記録を残し始め、前の生徒会長で、初めて大成功した。

その行事の責任者である私はまだ身長が一四一センチの高一だった。先輩からは叱られ、モタモタ、ウロウロしながらも、ひとつずつ覚えていった。それが、イベント管理のはじめである。

私の高校時代の思い出というと生徒会だ。選挙管理委員長になったり、何とか委員長になったり、生徒会のことばかりやっていた。二年生のときには、生徒会の委員を四つも兼任していた。そのうえ、書道部の部長をやり、神様ごとでも凝っていた。当然、勉強なんかできるはずもない。

二年生の一番最後に模擬テストがあって、すべての成績順位が、実名入りで発表された。それまでは学校もそういうことはしなかったのだが、生徒を励ましハッパをかける意味で、実名入りで発表したのだ。そのときに四百五十人中四百二十五番。真ん中くらいの成績で入学したのが、急降下である。

私はさすがに担任の先生に言った。

「先生、今までは勉強するほど暇じゃなかったんです、僕は。生徒会の委員を四つしてるんですから。それにクラブと神様ごとと、日曜日の新聞配りも」

なにしろ高二のころには、一年に四回、聖地に参拝に行くんだと燃えていた。このあたりの思い出は、『金しばりよこんにちわ』（たちばな新書。TTJ・たちばな出版刊）という本に記した通りだ。高三になって、さあこれから勉強だというときにも生徒会のことをやっていたのだが、ひとつに絞った。そうしたら、模擬テストのたびに百五十番ずつ上がっていき、結局五十番くらいで卒業できた。

中学、高校時代に、机に座って勉強ばかりした人は、成績が良くて「一流大学」に行けたかもしれない。けれど、その時代にクラスの委員だとか、クラブのお世話係だとか生徒会だとか、何かしら勉強以外の実際に体を動かすことをやらなかった人というのは、十中九・九、社会に出ても、会社に入っても、何も仕事のできない人である。

「掘り出しもの」クンを見分けるコツ

高校時代に、私が行事委員長となってファイヤーラリーをマネジメントし、二千人の人を動かした経験があればこそ、今、私たちが主催している大きなイベントも成功したのである。

そういえば、ロイヤルアルバートホールでコンサートを開き、羽織袴を着て、八つ墓村みたいに応援団長をやったこともある。世界の一流ミュージシャンが集ったチャリティーコンサートでのことである。

あれのルーツは中学時代にある。

中一、中二、中三と応援団をやって、中学三年生のときには応援団長だったのだ。応援団長の身長が一四一センチ、副団長が一七六センチ。その代わり「フレー、フレー」という私のボーイソプラノの声は、甲子園球場の隅々まで届いた。

余談ながら、西宮中学校連合体育会の歌は、

「みんな集まろう、グランドに、楽しい子どもの体育会、青い空には白い雲、手足を伸ばし一、二、三。明るい子どもの西宮」

という歌なのだが、今でも覚えている。

小学校の校歌、中学校の校歌、高校の校歌ともよく覚えているが、これは応援団をやっていたおかげである。

小さな応援団長だったが、一生懸命お世話していた。どうすれば応援できるんだろうかと考えていた。

話は戻るが、そういうふうに、クラブ活動だとかクラス委員とか生徒会をよくやって、そのために大学には行かなかったとか、あるいは二部だったとか、あるいは何回聞いても覚えられないような名前の大学だった、そういう人材が狙い目である。

中堅大学とか、その下の、世に言う三流大学、四流大学、あるいは二流大学の二部、一流大学の中退、そういう人はあまり大企業には行けない。二流大学の中退とか、三流大学の大学院崩れという変化球も中にはあるが、要するに、そういう人たちが中小企業にやって来るのである。

そういう人たちの中から「掘り出しもの」クンを拾い出すコツは、一流大学になぜ行けなかったのかを聞いてみることである。

高校三年生まで文化祭の委員をしていたとか、一生懸命クラブのためにやってきたとか、生徒会をやってきたがために、大した大学に行けなかったとか、専門学校に行ったという人は「掘り出しもの」である。

そういう人に実務をやらせたら、てきぱきと仕事をこなすだろう。仕事の段取りもできれば、責任ということも理解している。そのうえチームワークもうまくできる。実務能力に優れた人材と言える。

風紀委員、美化委員、給食委員、体育委員、文化祭実行委員、いろんな委員がある。受験勉強にだけ励む他の生徒に「わーっ」と拍手されたり「やれよ、やれよ」とそそのかされて、嫌と言えない性格、私はその典型だが、頼まれれば、

「イヤと言えないこの性格が、僕の不幸の始まりだ」

と言いながら、またしてもやってしまう。

そういう性格の人間は、目下の人や後輩から頼まれたり、目上の人から責任を持たされて「やりなさい」と言われたら、最後までやり遂げることのできる人間なのである。学歴はないかもしれないし、途中でだめになるかもしれないけれど、そういう人間を抜擢して、励まして、何か仕事上の責任を与えると、めきめきと実務処理能力が伸びていくものである。

成績だとか学力なんて、勉強の仕方、頭の動かし方がわからなかっただけのことで、そんなものは、とにかく少しでも活字が読めるような方向へ持っていって

やれば取り返せる。「一緒に勉強しようや」でもいい。運営とか組織とかチームワークとか、もっと大事な頭が、体が動いている。

反対に、きちんとした大学を出ているのに、中学高校時代に勉強ばかりしていた人というのは、デスクワークは良くて、頭では理解するのだが、いざ仕事になると何にもできない。これはもう何かが欠落した人間である。

そんな人間が一流会社ではねのけられて、流れ流れて中小企業にやって来る。そのときに、いい学校を出ているからと雇ってしまうと、大変な目にあう。専門学校出の、気のきく子のほうが、よほどいい。

中小企業の力となり、将来の幹部となり、取締役となり、後継者にもなれるような要素は、高校時代に培われるのだ。高校で冴えなかった人というのは、だいたい、人生冴えない。

というのも、だいたい十六歳くらいのときに、前世の御魂が顕現するのだ。十二、十三、十四というのは子ども。十四、十五くらいで自我の目覚めが出てくる。高校の一、二年くらいが最後の反抗期。体も発達して、記憶力も一番いいときである。悩みがちな青春時代の幕開けだ。

「十五　十六　十七と　私の人生　暗かった」

『圭子の夢は夜ひらく』（石坂まさを作詞）なんて歌、若い人は全然知らないだろうが、「自分はいったい何なんだろうか」と、何か物憂い時期である。物憂いけれども、何か産み出してくる。自我の目覚めのときである。このころというのが、その人間の御魂の前世の自分が出てくる時期なのである。

自我の目覚めとともに、人格が形成される時期でもある。その時期にボーッと過ごした人というのは、一生ボーッとした人で終わるだろう。この人格形成期に、生徒会委員だとか、クラブの部長だとか、ボランティアで頑張ったとか、ボーイスカウトでリーダーになったなどという人は、そういう人格ができあがるのだ。

つまり、できあがった人格として、仕事がよくできる。手早い。段取りができるということなのである。考えてもみてほしい。段取りができる人でなくては、仕事を任せきれるものではない。

そこを見ていけば、掘り出しものの発掘ができるのだ。

「高校時代は？」

「はい、暴走族やってました」

暴走族でもリーダーならいいのだ。

「仲間を束ねて、殴り合いして、負けて、今度はどうやったら勝てるかと考えて、次には技術開発して勝ちました」

暴走族出身といえば、私たちのグループにもE君というのがいるが、大いに結構だと思う。

暴走族だろうが何だろうが、人の下で文句ばかり言う人間はだめだ。暴走族だったというのなら、どういう暴走族だったのか、暴走族の中での人となりを突っ込んで聞いてみるといいのだ。

そこに、リーダーシップを持ったり、責任を持ったり、チームワークを持ったりして、頑張ってきた、自分のことよりもみんなのことを先に考えてやってきたという、実行の足跡のある人ならば、その人は絶対に、掘り出しものに違いない。

人格形成時期に、そういうことに苦労してできあがっている人物なのである。

そこが空虚だった人というのは、学歴だけは立派、頭はいいかもしれないけれど、実際に使ってみたら役に立たないということになる。

もっとも、高校時代に勉強だけ、勉強さえすればいいと考えて勉強した人はまだましかもしれない。その勉強さえせずに、本当に何もしなかった人間というのもたくさんいるのだ。これはいただけない。これは採用を考えないほうがいい。

こういう人物をBCマンという。すなわち紀元前の方である。

ADマンとBCマン。BCマンは論外として、ADマンから選ぶポイントが高校生活である。高校生活もできていて、なおかつ大学もきちんと出てきた人というのは、本当にリーダーシップもあり、組織の中で活躍でき、段取りも実践もできて、そのうえ頭がよく、理解力があって伸びていく。そういう人間が、やはり、大企業でも中堅企業でも、トップに立っていく人である。

中小企業後継者の育て方

私たちのスタッフに帰国子女が何人かいる。

経営者として彼女たちを見ていると、日本の教育というのは、欧米に比べるとまだましだと思えてしまう。

彼女たちに聞いたところでは、オーストラリアとかアメリカでは、いわゆるクラスというのは、十五分間くらい出席を取って終わりということだ。あとの授業は、それぞれの科目の教室でやるのだそうだ。風紀委員だとか給食委員、美化委員、あるいは文化祭の実行委員とか体育祭の実行委員とか、そういった集団生活をリードする役割というのはないそうである。

生徒はみんな、それぞれ個別に先生とのつながりでやっている。友だちどうしが集まってパーティーをしたりはするのだが、それも個人的な関係で、集団生活とは関係がない。唯一、集団的な活動というのはスポーツクラブである。スポーツクラブのキャプテンというのは、人を束ねたりするような、責任とかリーダーシップとか、そういったものを身につけることができるのだろうが、それ以外、基本的には、学校の中にそういうシステムはない。

そのせいか、帰国子女というのは、個別に言われたこと命じられたこと、そのこと自体はできるのだが、全体として仕事を把握する能力に欠けている場合が多い。みんなとのチームワークを保つ能力がなかったり、命令系統の中でどういうふうにしていけばいいかがわからないのだ。

中にはできる人もいるのだが、そういう人の場合、家族にしつけられたり、体育系のクラブ活動を運営した経験を持っていたりする。つまり、学校以外のどこかで、チームワークとか組織の学習をしているようである。

欧米の場合、アジアの国と比べても、そうした学校教育が足りていないのは事実であろう。日本でも、そういった面での学校教育が足りないと言われる部分はあるのだが、欧米やアジア各国に比べれば、立派なものである。確かに、日教組がやっている教育というのはゆがんでいるとは思うのだが、会社人になるということを考えると、今の日本の学校教育の、そういう面は大変にいいと言える。

男性でも女性でも、日本国民の大多数はそういう教育を受けた人である。その中でも、高校時代にきちんとやった人は、会社とかチーム、組織の中で、かちっとした組織力、チームワーク、会社人としての素質、才能、能力を学んでいる。これは日本の教育のいいところだと、私は思う。

中小企業のオーナーというのは、後継者問題に悩みがちである。しかし、悩む必要はないのだ。日本の教育のいいところをフル活用すれば、自然と後継者は育ってくる。

「お前はちゃんとした一流大学に行かせたい。だから、他のことは考えなくてもいい。とにかく勉強せい、勉強せい」

と勉強させて一流大学を出ても、いざ自分の会社の後を継がせようと考えると、全然だめというケースをよく耳にする。それは、高校時代を怠けたままに過ごしたせいなのだ。中小企業のトップというのは、どういう人物像だろうか？　自分を振り返ればよくわかるはずである。

「従業員、それーっ、三三七拍子でいこうーっ」

これである。「勉強をしろ」と言うのも必要だろうが、

「クラスの委員をやりなさい」

「生徒会に立候補しなさい」

「応援団に入って、応援団長になって、みんなをそれーっと励ますような人間になりなさい」

と言うことのほうが大切なのだ。

組織を運営していく能力、人格を身につけるためには、結局のところ、中小企業オーナーの息子は、中学時代、高校時代、生徒会の委員を務めるとか、運動ク

ラブをやるとか、クラブでもお世話係を率先してやったほうがいい。

会計係でもいいし、書記でも何でもいい。学校のために生徒会をどう運営するのか、文化祭をどうするのか、体育祭をどうするのかと考える癖をつける。生徒が礼儀正しくないから、こうしなきゃいけないだとか、夏休みの宿題は早く出そうよという運動をするとか、夏休みに盆踊りを企画しようなんてことでもいい。「みんなにこういうふうに言おうよ」と考える。ああでもない、こうでもないと、企画し、運営し、実行し、そして後片付けする能力を身につける。これこそが、会社経営の勉強である。そういうことを、中学、高校時代に、親がチェックして経験させてやらないといけない。

もっとも「息子も四十ですから……」と言われては「ハイ、そうですか」としか言いようがないのだが、まだ中学、高校であれば、すぐにやらせたほうがいい。それが日本の教育のいいところである。中小企業オーナーの後を継ぐために必要な教育システムは既にできている。

ところで大企業の場合は別である。大企業の後継者というのは、そこにいる誰を選ぶかの問題である。大きな会社では、どちらを向いても、皆ご自分で立派になっている。育てるなんてレベルではない。

中小企業の場合、同業者の友人のところに、三年ほど預かってもらうということもやるが、それでも、

「だめだねえ、お宅の息子は」

「いや、俺もそう思うさ」

というのが普通であろう。どこでだめになったか。中学、とくに高校時代に問題があるのだ。組織力やチームワークの学習をしていないせいである。しかもそこで人格が固まっている。組織力やチームワークの学習ができていたら、たとえ紆余曲折があったとしても、必ずいい経営者になることができるのだ。

住吉の大神様が教えて下さった人材に関するマネジメントの方法である。

高卒の巨匠たち

以前、ＦＭ山口、ＦＭ岩手、ＦＭ山陰、ＦＭ石川、ＦＭ沖縄、ＦＭ三重、ＫＩＳＳ・ＦＭ（神戸）でネットを組んでいる私の番組『さわやかTHIS WAY』の

ゲストに、あるデザイン事務所の社長がやって来た。

どういう人かというと、ＪＲ九州の列車のデザイナーとして、今一番話題を呼んでいる人。ＪＲ九州の列車を真っ赤にしたので有名な人である。ＪＲ九州の列車は、

「昆虫みたい」

「ダース・ベイダーの部下みたい」

と評判である。『スター・ウォーズ』に出てくる悪役がダース・ベイダーだが、その部下がメタリックなマスクをしている。そんな印象の列車なのである。中の椅子も形が変わっていて、赤やブルーや緑を使った色彩豊かな椅子である。そんな椅子がいくつもいくつも並んでいる。子どもたちはみんな、これに乗りたがるそうである。列車の中に展望台のようなものもあり、そこでビールを飲みながら車外の風景を堪能することもできる。とても楽しい列車だ。

列車のウェイトレスの制服やウェイトレスが運ぶ台車も、その人のデザインだ。それだけではない。九州と韓国を往復するＪＲ九州の高速船のデザインもし、今はＪＲ九州の駅舎のデザインもしている。

そのうちに都市のデザインもするんじゃないかと言われている。

そういう有名人にお目にかかったら、『銀河鉄道９９９』の鉄郎そっくりであった。鉄郎が眼鏡をかけていると思えば間違いない。さらに言えば、『男おいどん』という松本零士さんの漫画に出てくる顔そのままである。

「列車のデザインをするだけに『銀河鉄道９９９』の鉄郎そっくりですね」

「そうですかあ」

と笑った顔が、まさにそっくり。

「赤が、きれいな金赤を使ってらっしゃいますね」

業界用語で金赤という色なのだが、それを指摘すると、向こうが驚いた。

「金赤という業界用語をよくご存じですね」

「私も文房具屋をやってましたので」

「文房具屋もやってらしたんですか、ラジオ以外に」

「色々やってまして」

金赤というのは要するにベンツの赤のような色だ。あの赤はイタリアンレッドといって、赤の中に少し黒が入っている。イタリアの赤といえばフェラーリだが、赤の下に少し黒を引いて、赤を塗る。あるいは赤の中に少し黒を入れる。すると、おしゃれな赤になるのだ。見たところシックなんだが、遠くから見ると「真っ赤」という色。それが金赤だ。

もう少し色の話をすると、イタリアのホワイトというのは、普通のホワイトではなく、ホワイトの下にうっすらとブルーが引いてある。または白の中に少しブルーを入れてある。すると、いかにもおしゃれな感じの白になるのだ。それがイタリアンホワイト。

私は時計のデザインをしていたときに、イタリア帰りのデザイナーにいろいろ聞いて勉強をしたのだ。そういう話をしたら驚いた様子で聞かれた。

「何でそこまでご存じなんですか？　デザイン方面の方なんですか？」

「デザインといっても、人生をデザインしてます」

その人がデザインした列車は、乗客が百五十パーセントに増えたそうである。

「スピードが必要な人には新幹線がある。もっと早いのは飛行機。ローカルな列車は速度を求められているわけではない」という考え方で、遊び感覚と楽しさをどんどんデザインしたわけだ。

列車の改装を頼まれたのが始まり。そのときに列車を真っ白に塗ってしまった。真っ白の列車というのは、それまでなかったそうである。真っ白の列車を最初に提案したときには反対されたようだ。

「なぜ白じゃだめなんですか？　イタリアでは列車は白と決まってますよ」

と、一つひとつ論理的に検証していくと、要は、ただ根拠もなく昔からそうしているだけだということがわかった。

「白でだめという理由がないのなら、いいじゃないですか。目立ちますよ。森の中に、緑の空間の中に、白ってのは合いますよ」

で、思い切ってやったら大評判。今では、白の電車がいくつもできたらしい。

それじゃあと、今度はＪＲの船のデザインを頼まれ、さらに新しい列車のデザインを頼まれ、さらにそれが評判いいからとついには駅のデザインを頼まれて、デザイナーとしては大成功を収めている。

「プレゼンテーションしたら聞いてくれて、実行してくれたＪＲ九州も偉い」

と言っていた。私はＪＲを民営化した中曽根康弘首相（当時）が偉いんじゃないかと思う。民営化なくして、ＪＲ九州のこの決断はあり得なかっただろう。しかしもっと偉いのは、やはりデザイナーである。「こうだ」と思い込んでいる人に、「別にそれじゃなくてもいいじゃありませんか」と言って納得させる説得力があったわけだから……。

ちなみに、その人は大学を出ていない。実家は岡山の家具屋である。お父さんの手伝いをして、小さいころから家具の設計をしていたらしい。箪笥とか椅子、家具の製造をしていたのだから、列車の中のインテリアがわかっても不思議はない。しかし列車のデザインなんかは、まったくの素人だったのだ。しかし、とにかく自分の感覚で論理的に提案してみた。だめだと言われても、なぜ決まってるんですかと追究していったのだ。

その発想のもとになったものは何だと思われるだろうか。イタリアである。家業のプラスにしようと考えたのか、あるとき親が、

「お前、イタリアに行ってこいや」

ということになった。一年半、ミラノでブラブラ遊んでいたのだそうである。もともと絵が好きだったので、ブラブラしながらミケランジェロやダ・ヴィンチを見ていた。ミケランジェロは、日本ではヴァチカン宮殿の『最後の審判』で有

名だが、そもそもは彫刻家である。むしろダ・ヴィンチと同じく領域のない芸術家だ。

「『最後の審判』を描かなければ、家族の命は保障できない。ちゃんと描いたら、家族の安全は保障する」

と、家族を人質に捕られて無理矢理、嫌々描かされたのが『最後の審判』だ。ミケランジェロの実像は、絵も描き、彫刻も造り、ヴァチカン宮殿の設計もすれば洋服のデザインもしたマルチデザイナーなのである。

中途半端に大学で勉強した人は、ミケランジェロは偉いんだ、天才なんだと思ってしまう。そして、ミケランジェロの一部分の模倣で終わってしまう。そこが、この人と最も違うところである。領域のないミケランジェロのやり方を「そういうもんかいな」と見て、「そういうもんだ」と思って、自信を持って、ミケランジェロのやり方をそのまま応用した。

その結果、次々次々と、前例のないことでも提案して、斬新なものの考え方を盛り込んでいく。子どもや大人や、乗客の気持ちになって考えた設計だから、もう本当によくできた楽しい設計である。

この方は鉄道関係者の間では、大変有名な人である。中途半端な大学を出ずに、一年半イタリアで勉強し、自分でデザイン事務所を経営して、顧客の気持ちになって仕事をして大成功している。

この人の成功にはポイントがふたつある。

ひとつめは、どんどん提案したらいいということ。

きちんと文章を書いて、具体的な考えをどんどん提案したら、それを聞いてくれる人もいる。こういうものなんだと思い込まないで、どんどんプレゼンテーションする。

ふたつめは、巨匠を模倣して、なりきるということ。

中途半端に勉強した人間は、巨匠を「偉いもんだ」と思って思考停止してしまう。自分とは異質の天才だとでも思ってしまうのだ。しかし、子どもみたいな気持ちで、「ミケランジェロ、ダ・ヴィンチもそうだったしなあ」と、自分もそういうふうになりきって次々挑戦していく。巨匠に感化を受けたら、そのまんま信じ込んでしまえばいいのだ。だからこそ、列車から船から駅のデザインからウェイトレスの制服まで、何でもやる。何でもできてしまう。

何回足を運ぼうと、とにかく実行していくことが大切である。

番組の収録が終わった後、その人がこう言った。

「実はね、僕は大学出てないんですよ。実家が家具屋なもんですから、工業高校で工業デザインを勉強してたんです」

私はこう答えた。

「それがいいんです。大学に行かずに成功した人はいくらもいます。例えば」

と、高卒の巨匠論議になった。

例えば、デザインの巨匠・横尾忠則さん。何回かお目にかかったが、横尾さんも高卒である。川西高校を出て、そのままデザイン事務所に就職した。仕事の中で磨いていって、作品が認められ、コンテストに入賞したりして、「横尾忠則」になったのだ。

横尾さんにうかがった話の中で面白かったのは、油絵は面倒臭いという話である。描くのが面倒なのではなくて、評論家が面倒なのだと言う。

「デザインの場合はクライアントがＯＫと言えばいいのだが、油絵になると評論家がいる。作品作りは評論家に応えるものじゃないといけないから、そこが難しい。面倒臭い」

と。もうひとつ、横尾さんの作品には徳用マッチのデザインみたいに、必ず黄色の光がピカーッと出ているのだが、そのことをこう言っていた。

「何の意味もないんです。何か知らないけどパッと黄色を入れてるだけなんだ。そうすると、人は何か意味があるんじゃないかと思うでしょ。それがいいんですよ。見る人に考えさせようと思ったら、やる人は何も考えちゃいけない」

横尾忠則さんも高校出の巨匠である。

さらに故池田満寿夫さん。

あの天下の池田満寿夫さんは東京芸大を受験して三回失敗した。

普通ならば「もうだめだ」と思うところだが、池田満寿夫さんはそこが違う。

「僕とは意見が合わないいんだ」

と、明るく自分の作品に自信を持って、とにかくやり続けてビエンナーレで入賞して「池田満寿夫」になった。東京芸大を出た人はそれこそ掃いて捨てるほどいるが、版画の世界でも何でも、池田満寿夫さんみたいに売れた人はいない。

美術だけではない。芥川賞も取った高卒である。

池田満寿夫さんにも何回かお会いしたが、相手の何かを吸収する魔力を持っているような感じだった。それに対して、横尾忠則さんは本当に人柄のいい人だ。ピラミッドだとか霊界だとか言うものだから、奇妙な目で見られているが、非常にいい方である。もっとも、私にとってはピラミッドも霊界も、親しみのあるジャンルではあるが。

その人にとっては、横尾忠則さんなんていう人は、憧れ中の憧れの巨匠だそうだ。

「あなたと同じです。高校を出て、そのままデザイン事務所に行ったんです」

「池田満寿夫さんも、横尾忠則さんもそうだったんですか」

「そうですよ。だから斬新なものが出る。中途半端に大学を出て、知識があると、巨匠に畏れを抱くんです」

経営者で言えば、大会社に畏れを抱いて、自分は高校出だし、中小だしなんて思ったら委縮していい仕事ができなくなる。大成功もない。

どうだろうか。レオナルド・ダ・ヴィンチ、ミケランジェロを観ながらの一年半のブラブラがあればこそ、今までの日本のデザイナーにないようなものが生まれた。若いときにブラブラ人間、これは歳をとったら生きてくる。ブラブラの自分の息子は、そのままブラブラで風来坊のような一生に終わってしまうかもしれないが、若いときのそういう経験が何かで花開くかもしれない。

自分の解釈、自分の規模、自分の学歴だとか、そんな矮小なものは振り捨ててしまうことである。巨匠だとか歴史だとか、中途半端な勉強をしないで、勉強したとしても忘れて、自分のド素人の発想をどんどん出して、どんなものでも提案して、割り込んでいって、仕事をもらって全力を尽くしているときに、才能とか能力とかいうのは、自ずから磨かれるのである。

中小企業のデザイン事務所の成功とは、どんどんプレゼンテーションすることにあった。コンテストに出さなければ入賞もない。芥川賞をもらおうといったって、作品を発表しなければ芥川賞ももらえない。

だから、どんどん応募する。発注者があれば、どんどん仕事も受ける。チャンスがあったら、それがどんなに大きな相手でも、既成概念にとらわれずに、積極果敢にトライする。プレゼンテーションする。そうやっていかないと、会社の新しいジャンルの開拓というのは、なかなかできるものではない。大きな会社、学歴優秀な方、歴史と伝統のある会社に負けずに成功している人がたくさんいるのだから、大いに勇気を持って頑張る。

どんな事業計画書もプレゼンテーションも住吉大神の働きとお導きがあれば乗り越えられるのである。そして説得力も住吉大神の説得である。ただ、住吉大神様にご祈願するだけではいけない。実践、行動する努力がないと神様のご守護は顕現しないのだから、大いに頑張って、トライアルに次ぐトライアル、挑戦に次ぐ挑戦で事業を発展させていただきたい。

第五章　これは使える！『神道マネジメント』

現代マネジメントと宗教の密接な関係

私は一時期、経営関係の著作は他のペンネームで出そうと準備を進めていたのだが、最終的に、

「私の持っている宗教性を、堂々と前に出したほうがいい」

と思うようになった。確かに、書店というのは、著者の実績で初回配本数が決まるので、実績のある深見東州の名前で出版したほうがいいに決まっている。しかし、なぜそのような考えに達したのだろうか。

それは、こういうことであった。

まず、平安時代の宗教というのは――話が飛ぶように思われるだろうが、私の宗教性を前に出すということの意味を説明するには、ここから始めざるを得ない。この先十数ページほどで、きれいに結びつくので、じっくりと私の宗教論を楽しんでいただきたい。

さて、まず平安時代の宗教だが、平安時代というのは貴族社会である。したがって、弘法大師も伝教大師も、天皇をはじめとする皇族や貴族階級の人たちに理

解されるように、書道、漢詩、漢学、そういうものでも宗教を表現し、貴族階級の人たちに理解されて、高野山をいただいたり、比叡山をいただいたり、その責任者になったりした。

次に続く鎌倉時代は武家の社会である。

この武家の社会では、禅宗を上に立てた。しかし、武家社会の末端の庶民、つまり農民にとっては、禅宗というのは次元が高くてわかりにくい。そこで十世紀には源信の『往生要集』というのが出て、こういう悪いことをした人間はみんな地獄に落ちるんだという説明がなされた。

とくに当時の仏教では、動物を殺して切ったりして食べる人、動物の殺生をする人が行く地獄では、針で刺されて、手足を切られたりすると教えている。そうすると、そういう職業の人というのは、死んだら自分は地獄へ行くものだと思い込んでしまう。

そこで、親鸞《しんらん》が登場して救済を図った。親鸞は当時の比叡山の戒律を破って、奥さんをもらって子どもを産ませている。しかも京都と東北に、奥さんがふたりいた。後には、その子どもに背かれたりもしたのだが、

「私も地獄に落ちるでしょう、あなたも落ちるでしょう。しかし、そういう地獄に落ちた人間もお救いになるのが、阿弥陀如来さんです」

と、自ら鳥や魚を食べ、妻帯もし、庶民とともに生きて、その時代の人々を救済した。

その親鸞の師、法然上人《ほうねんしょうにん》というのは、比叡山の天台宗の座主になるような人であったが、やはりその時代の人々の救済ということを考えた。

「座主になって叡山の責任者になるよりも、救済というものの真実を追求したい。救済は阿弥陀如来の救いによってできる。浄土宗の教えしかない」

と、自分なりに結論を出した。それを親鸞が聞いたわけである。

それに対して、日蓮上人は、

「救済のために降りてきた化身の仏様よりも、本仏を拝まなくてはならない」

つまり本質を拝まなくてはいけないと主張した。だから、

「いやそうではない。化身でわざわざ出ておられるんだから、庶民は本質よりも化身を拝むべきだ」

と、日蓮宗と浄土宗・浄土真宗の間で、ずっと長い間ディベートしているわけ

である。

時代が下って現代である。終戦直後のころは、貧困と病、このふたつの救済が、立正佼成会、霊友会、創価学会などの教団の大テーマであった。立正佼成会などは、親孝行と先祖供養、このふたつをメインにして、人々がどんどん入信した。明るい社会を作ろうというテーマは後になって出されたものである。

そして今、私たちの生きる現代は、民主主義、資本主義、国際主義、自由経済の時代である。しかも経済の分野で日本は世界に大きな影響力を持ち、世界は日本なくしてはやっていけない時代である。そして国民の労働人口の八割はサラリーマンである。平安時代や鎌倉時代とは、庶民の生きている世界が違う。だから、この時代にはこの時代のニーズがあるはずなのだ。平安時代や鎌倉時代、あるいは終戦直後とは違った、庶民の葛藤や苦しみや疎外感、迷える魂がそこにあるのだ。

親鸞が、その頃の戒を破って妻帯し、庶民とともに生きた破戒僧であったように、私も一宗教人として、一求道者として存在したいと思う。ふんぞり返り、偉そうにして、めったに人前に出てこないような存在にはなりたくない。庶民とともに生き、庶民と一緒に苦しみと喜びを分かちあい、救済の道を追求したい。たまさか人前に出てくると、周りが「ははあ」とお辞儀をするような、どこかの教団の教祖のような存在ではなく、みんなとともに生きている存在でありたいと願う。

親鸞上人が、遠くのほうから「ははあ」と拝まれるなどという話は聞いたことがない。みんなと一緒に、東北の貧しい村の人たちを訪れて、親しく話をしていったという逸話ばかりである。

お釈迦様もイエス様も、当時の庶民から親しみをもって崇敬された。仏典やバイブルに出てくるお釈迦様、イエス様というのは、庶民から遠く離れて偉そうに威張ったカリスマなんかでは決してなかったのである。

とくにイエス様は、マグダラのマリアという娼婦や税吏——どうも昔から税吏というのは嫌われていたようだが——そういう人たちとも親しくなった。身分や職業、性、民族、そういうものをまったく差別せずに、親しくみんなと話し合い、その中で出てきた教えがバイブルに残されている。お釈迦様も同じだ。武士も庶民も、金持ちも貧乏人も、別け隔てなく接した。その中のお金を持っている人たちが、祇園精舎《ぎおんしょうじゃ》に寄付をしたりしている。

本当の宗教人というのは、みんなそうやって庶民とともに生き、その中に出てきた言葉と行いが後世に残っているのである。真実の宗教性、宗教の本当の「原点」を知っている人は、みなそうだったのだ。

次元の低い人というのは、いかにもカリスマ化された中で「ははあ」と拝まれてふんぞり返る。さぞかし、そのほうが偉いと思っているのだろうが、宗教を勉強して、少しものをわかっている人、常識と知性が発達した人というのは、どうもそういうのはおかしいと感じるはずである。

お釈迦様はそうではなかった。イエス様も違う。親鸞も違っている。日蓮上人も、お弟子とともに親しく話をして、みんな和気あいあいとした中で、仏法の真実、法華経の真実を貫くことをしていたではないか。鎌倉の街角の辻々に出て、説法したではないか。

宗祖というのはみんなそうだ。そういう人が、やはりその時代を代表する高い宗教性、神性を発揮したわけだ。

この現代において、庶民とともに生きていくというのは、一社会人として一求道者として、どこまでも真実を探究し、知性を磨いていくということである。そして同時に、神のお取り次ぎをする一取り次ぎ者、社会へ奉仕をする一奉仕者としての自分を貫き通すということが、この時代に、まさに真実の宗教性と神性を発揮する道であると、私は信じて疑わないのである。

一社会人といっても、一経済人であるというところが、今までの宗教家にはなかったところである。つまり、現代社会の会社経営に携わるものとして、読者の皆様と同じ苦労をし、同じ喜びを分かち合いたいと考え、そして、そのように行ってきている。それは、私がそうしようと思ったからではなく、神様がそうしなさいと私に命じたことなのである。無論、そのときはわけもわからずただひたすら祈りながら、一生懸命努力してきたのだが、後からなぜなのかを考えたら、神様のご意思なんだということが、徐々にわかってきたのだ。

予備校の経営も、軌道に乗った今は人に任せているが、一経済人として、一生懸命、会社の経営をしてきた。もちろんその間に宗教的なことも同時にしてきている。経営、経済生活の中に、神道の「生活の中に生きて、生き貫いていく」というところがあるわけだ。

宗教といっても、キリスト教的宗教というのは、魂と心の救済が主だ。だから、キリスト教は愛の教え。そして仏教は知恵の教え。自分なりに戒めを持って、禅《ぜん》定《じょう》に至り、そこから出てくる叡知による知恵の宗教である。

翻って神道は何かというと、やはり大自然とともに生きていく生活の宗教である。生活の中に生きて、生き貫いていくというところが尊い。生活に生きる者は尊い。生成化育、進歩発展していくことが尊い。その生成化育、進歩発展していくコミュニティーや村や社会に自分が貢献していけることが、自分の命が生きることである。神様の詔《みことのり》を持って、命（イノチ・ミコト）を持って生まれてきた人間。それが大きなコミュニティーの中で役に立てたということが、自分の命が生きたということだ。これが尊い。

神道のように生成化育、進歩発展していくこと自体に価値を見出す、そういう宗教もあるわけで、宗教というのはキリスト教的宗教だけではない。仏教的宗教だけが宗教ではない。それは「仏教的宗教観」「キリスト教的宗教観」にすぎない。

発展し続ける『絶対マネジメント』

キリスト教が興ったとき、社会はこのように豊かではなかった。貧しい民には、魂と心しか救うものはなかった。

お釈迦様の時代、カースト制度によって民は呻吟《しんぎん》していた。カーストのその時代、靴屋は何回生まれ変わっても靴屋。床屋は何回生まれ変わっても床屋。奴隷は何回生まれ変わっても奴隷。生まれ変わってくることが悲しみだった。

だから、生まれ変わってこなくていいんだという教えによって、初めて、民は幸せを感じることができたのだ。どんな身分の人も仏様のもとでは平等。道を極めて涅槃寂静《ねはんじゃくじょう》すれば、もう生まれ変わってこなくていい。これは幸せそのものだった。

現実が変えられない時代だから、心しか救うものがない。永遠なる真実を見るしかない。諸行無常、諸法無我。この世のことに執着しないで、永遠に変わらないものを見ていこうという、それが救いだったわけである。

しかし、日本は違う。大自然の豊かな恵みのおかげで、現実の生活の中に生きていく者が尊いという神道が生まれた。現実が繁栄し、生成化育、進歩発展していくことこそが尊いという宗教性である。神様の祝福に満ちた豊かな現実の国土、風土――その中から生まれ出てきた宗教である。現実を肯定する。したがって、あいまいなままでも許され、他宗教とも結びついていくのだ。

そのような、神道的な精神に基づく宗教性というものが日本にはあるわけで、これも立派な宗教である。すなわち、日本の宗教性というのは「現実の中」だから、我々は一生懸命、死ぬまで働けることを喜ぶということになる。

その宗教観の違いは、企業の存在理由の違いにも現れる。

キリスト教世界、とくに欧米では、従業員というのは会社の道具である。収益が上がると、経営者ががっぽりボーナスをもらい、配当をバーンと出す。

日本の企業は違う。会社のために会社がある。会社を存続させ、社員を幸せにしていくことが主である。経営者の取り分とか株主の配当よりも、備蓄して投資して、会社の繁栄を持続させることを主に考える。ということは、長い目で見れば欧米の企業と比べて、絶対に日本の企業が繁栄するに決まっている。コミュニティーが続いていくという点では、このやり方が一番いいのだから。経営者も株主も、ご本体があってこその自分たちなのだ。個人よりもコミュニティーが大事という思想である。

我々の持っている神道という宗教性にも、足りないところはもちろんある。キリスト教、仏教と比べてみれば、広がりとか国際性という面で足りないかもしれない。教義という面でも確立されていない部分があるかもしれない。しかし、日本が経済活動に従事しているということは、神道の宗教性から見れば素晴らしいことなのである。

神道精神に基づく国民性が、経済活動にも貫かれている。この日本人のメンタリティーが、キリスト教国の宗教性、仏教国の宗教性と比べて、卑しいものであったり、文化レベルの低いものであるわけがない。単に、西洋的でないというだけのことである。

弥栄《いやさか》えていく、生成化育、進歩発展していく、生活の中に生きるものを尊ぶ。コミュニティーの繁栄を主に考えて、それに貢献することを素晴らしいと感じる神道の宗教性は、まさに愛である。人類愛と言っていいかもしれない。

したがって、経済人であり宗教人であるという立場から、私は、苦しんだり葛藤したりしている人の力になり、勇気になり、励みになりたいと思う。サラリーマンにも、どう生きればいいのか、指針を与えていきたいと思う。

それをもっと前に出した方がいいと思うようになったのだ。

具体的に言えば、中小企業経営の中で、神仏の力をどういうふうに借りればいいか、そしてどういうふうに自分は努力したらいいのか。そこをやはり大いに前に立てて、出していかなくてはいけない。

私が考え、あるいは神様から担っている宗教性とはそういうものだ。

弘法大師、伝教大師、聖徳太子、親鸞、日蓮、イエス、マホメット、儒教、仏教、すべてを勉強したうえで、永遠に変わらぬ真実なるところと、今の時代・人間とを見て、庶民とともに生きていくのが本当の宗教人である。私もそうしなくてはならない。これが、神様の道に生きるんだと志して三十年間、修養してきた結論である。

ビジネスアイデアたっぷりの新雑誌登場!

私が監修しているビジネス雑誌で、『社長ジャーナル』という雑誌がTTJ・たちばな出版から出ている。(編集部注・一九九五〜九七年まで。)ひたすら中小企業経営者のためにだけ編集される雑誌だ。この雑誌はご大層な経営論や経済論ではなく、中小企業の実像に沿った内容となっている(ということはつまり、大企業経営者にも参考になる内容なのだが)。

例えば、中小企業の社長が「1ドルがとうとう88円になりましたね」と言ったとする。彼はどこでその知識を仕入れるだろうか。『日経新聞』? いやいや、実際には『東京スポーツ(東スポ)』で見ている。さもなければ『フライデー』。駅の売店で「ネッシー現る」なんて見出しが見えれば、『東スポ』を買ってしまうだろう。買ってから裏返すとクエスチョンマークがついていて、またださまされるに決まっているのだが『東スポ』を買う。

ところが、「あなたは日ごろどういう新聞を読んでいますか?」なんてアンケートが来ると『日経新聞』と書いてしまう。「あなたは当社のことを何で知りましたか？」なんてアンケートに『朝日新聞』と書いてあっても、実際には『東スポ』。正直に『東スポ』『フライデー』と答える人なんかいない。

だからアンケートというのはあまり信用できないのだが、中小企業の社長が経済雑誌に対して持つ印象というのは「難しくてよくわからない」というのがホンネのようである。『プレジデント』とか『財界』『経済界』なんてのを買っても、表紙と歴史ものの記事をチョロチョロ、パラパラと見るだけ。

実際、あの分厚い経済誌を全部読む人というのは珍しいだろう。中でも「これからの経済予測」なんて記事は誰も読まない。それでいて「あなたの愛読している経済誌は？」と質問すると『プレジデント』と書いてくるのだ。実際に見るのは『東スポ』『フライデー』。でなければ『夕刊フジ』の経済欄。裸の写真の隣のコラム記事を見て「ほおっ」と言う程度のことである。

だから、せいぜい六十四ページぐらいの厚さで、理論ではなく、実際にあったことや、「間違いない」と肌で感じたことを、中小企業の社長から聞いて、掲載する雑誌を作ろうと考えた。

アメリカには『インク』という中小企業の社長だけを対象にした雑誌がある。

よく売れている雑誌で、その中で一番人気のあるのが「あなたがもう一回、会社をゼロからやるとしたら、いったい何をやりたいか」というコーナーである。非常に面白くて、読者がうなるような話がたくさん載っている。

例えばある社長は「子ども靴専門店をやりたい」と答えている。「いろんな靴屋に行ってみたが、どの店も子ども靴が少ない。アイテム数も決まっていて、親は苦労する。だから、そこへ行けばありとあらゆる子ども靴が揃っていて、好きな靴を選べるという子ども靴専門店をやってみたい」などという具合である。

これは日本でも事業のヒントになる。『社長ジャーナル』は、そういう内容の雑誌である。その中に、私のコーナーもあるし、経営者のリレー執筆コーナーもある。有名な人ばかりではなく、無名の経営者にも登場願えば本音の部分を聞くことができる。

しち面倒くさいことを言わない。読まれない記事は初めから作らない。わかりやすい言葉で書く。薄くする。それさえ読んでおけば、取引先でもどこでも話ができるような面白い話を載せる。そういう方針で編まれた雑誌である。

マネジメントと当事者能力

私はよく、経営コンサルタントが会社をやって成功した試しはないと言う。これは本当なのだが、なぜかというと、理論と実際、大企業の現実と中小企業の現実とは違うということが、わかっていないからである。

雑誌を作る場合も、掲載する記事とホンネが違う。

週刊誌の記者でも、新聞社の記者でも「最近の読者は本を読まない。新聞も見ない」などと言う。しかし待ってほしい。私に言わせれば「あなたは読者じゃないのか？　あなたは本を読まないのか？　新聞を見ないのか？」ということである。記者だって、本来、読者のはずである。何かしら傾向はあるにしても「自分が読みたい記事」なら、やはりそれは「人も読みたい記事」なのである。

私の場合は、自分自身も経営に携わる者だという立場で人の相談に乗っているのであり、「経営コンサルタント」という立場で考えているわけではない。常に「これはみんなに言ってあげなければいけない」、そして同時に「自分だったらどうするだろうか」と考えている。

名刺なら、こういう場合、自分だったらどんな名刺を出すだろうと考える。自分も経営者の立場になって考えてみる。それを、理論的で面倒くさい話にして、ガタガタ話したところで、「だからどうだと言うんだ。明日の売上にどんな関係があるのか。会社の業績にどんな関係があるのか。明日のやる気が出てくるのか」ということになる。本当に知りたいことでなければ「ああ、そうですか」で終わり。経営コンサルタントというのは、経営の当事者ではないから、そういう面倒な話しかできないのだ。

私は経営コンサルタントであると同時に自分も経営に携わっている者である。ものを書く人間であると同時に自分も読者である。ボランティアであると同時に自分も被災に遭遇してきた人間だ。そのうえで、人にああしましょう、こうしましょうと言うのだ。人にアドバイスする資格とは、そうしたものではないかと思っている。

このことは経営者にも言える。経営者であると同時に従業員。「自分は従業員だけれどもどうなんだろう」と考えなくてはいけない。その点で、わが『菱研《びしけん》』㈱菱《びし》法律・経済・政治研究所）やライオンズクラブ、ロータリークラブの意義のひとつにこういうことがある。

　例えばライオンズクラブ。

「ライオンズクラブなんかに入って、いったい何をするんですか」

「一～二年やったらわかります」

　たいていの場合、そういう会話があるだろう。行ってみるとわかるのだが、ライオンズクラブには古い人から順番に役職がある。会員は全員が社長だ。大したことをやっていないとしても、それぞれ会社の中ではトップ。自分の言うことはみなが聞く。ところがライオンズクラブやロータリークラブといった会では、その社長の中で序列が決まっている。

「君、あれをしたまえ」

「はい、よろしくお願いいたします」

「今度こういうふうにやろうじゃないか」

「やらせていただけますか」

　という形で頭を下げなくてはならない。意見も却下される。

「それは君、だめだよ」

と。わが『菱研』やライオンズクラブ、ロータリークラブでは、顔や体格は一人前でも、頭を下げて先輩の言うことを聞かなくてはならないのだ。

先輩に頭を下げる、謝る、礼を言う、意見を聞く、間違いを指摘される、違う角度の意見を聞く、そういう経験をするとしないとでは大違いだ。従業員の立場、頭を下げる立場、意見を却下される立場を経験し、知ったうえで、人に命令したり指示することが大切である。それをしてこそ、経営者として、より本物になっていくことができるわけだ。もちろん、そういうものが嫌いだという人には、強要はしないが……。

自分は経営者であると同時に社員。そうでなくては、絶対に人の気持ちがわからない。生きた知恵、生きた心、生きている人間の本質、そこがわからなくなってしまう。経営者の立場でしか従業員を見ることができなければ、経営者と従業員に分かれてしまうだろう。そうなってしまっては、会社は分裂してしまい、発展は望めない。マネジメントの当事者能力とはそういうところでも問われるのである。

実感から滲む言葉に神様は感応する

先日、石清水《いわしみず》八幡宮にお参りしたときも、菱研の所長・経営コンサルタントとして、私は会員のことを最初に御祈願し、次に自分のグループの従業員のことをお願いし、最後に自分自身が育ててきた会社の経営面のお願いをした。

予備校の募集が最高でこれを頑張れますように、商社が決算までにきちんと在庫処分ができますように……身につまされるような思いがある。会員の皆さんもそうなんだろうなと肌で感じる。すると、「願わくは石清水八幡よ……」と、それこそ石清水が湧いて出てくるような思いで祈ることができるのである。

皆さんも、神様にお祈りするときには、そうやって実感しながらお祈りしなくてはいけない。経営者の側からの一方的な思い込みではなく、従業員のことを思い、従業員の気持ちになる。従業員みんなの気持ちを肌で感じながら、神様に向かってお祈りすることが大切である。なぜなら、そこにはやはり、真実の愛とか真心とか、気持ちがこもるからである。

高いところから見下ろすように話したり、評論家みたいな話し方をするのではなく、自分の気持ちの真情から滲み出てくる言葉で語るほうが、従業員に対してでも目上の人に対しても、あるいは第三者に対しても、説得力がある。

それは神仏に対してでも同じことなのである。

神仏に対して、評論家的に「かくあるべし」だとか「こうあるべきだから、こうしていただけたらいいと思います」なんて言ったって、神様は動かない。石清水が湧いてくるように自分の生の声で、

「こういうふうにあってほしいと思うんだけれども、正直な私の気持ちはこれでございます。もしこれが間違っているのなら却下されても結構ですが、聞いていただけるなら聞いて下さい」

と、心の底から滲み出てくる本音のありのままを、格好をつけずに、素直に神様に出す。神様はそれを一番お喜びになる。神仏に対しても説得力があって、結果として自分の思いを聞いていただけるのだ。

偉そうにふんぞり返っている人間にろくな人はいない。本当の意味での一流になった人間というのは、決して偉ぶることがない。生きている本当のものが見えなくなるということを知っているのだ。一流人こそ普段はみんなごく普通である。

功徳《くどく》と年季

石清水八幡宮というのは、旗揚げの神様として有名である。例えば選挙に立候補するときにお参りすると、選挙参謀に「やりましょう」という気合が入る。同時に、小が大を制する、つまり小さい者がどうしたら大きい者に勝てるのかという知恵、作戦ができる。そのふたつが、石清水八幡宮の大きな功徳である。

石清水八幡宮は楠木正成《くすのきまさしげ》公の第二守護神だということであった。では第一はどこなのかとたずねたところ、信貴山《しぎさん》本宮の毘沙門天というお答えであった。楠公さんのお母さんが、信貴山本宮の毘沙門天にお百度を踏んで生まれ出たのが楠木正成公なので、幼名を多聞丸と言ったそうである。

そして、楠木正成公の前世は、石清水八幡宮の社頭で成人した源頼義《みなもとのよりよし》の息子、源義家《よしいえ》である。八幡太郎義家の生まれかわりが楠木正成公なのだ。

八幡太郎義家も、石清水八幡の力をいただくような霊覚を子どものころから持っていた。それは、石清水八幡宮がどのような功徳《くどく》をお持ちなのか、その中身をよく知って、そして真心を持って祈ったから、聞いていただくことができたのだ。このように神様に祈る時は、その神様がどんな功徳を得意とされているのか、知って祈ると大変願いが叶いやすい。

しかし、それだけで神様が動くものではない。

もうひとつ大事なポイントがある。

それは年季である。年季と足跡。

そこがキリスト教や仏教と違うところである。さきほども書いたが、キリスト教というのは心と魂の救済で、必ずしも現実と直結していない。お釈迦様も諸法無我で、現実に執着せず、本質的な幸せを求めよと言う。そして、とかくそのようなものが、本当の宗教であるかのごとく思われている。けれども、神道の場合は、現実にこそ本質がある、心と魂を極めたら、現実になるんだと考える。現実というもので表現できない者は、神界には入れない。

感性が素晴らしく、心が素晴らしかったら、現実の足跡に出ているはずである。口と心と本当の気持ちがあるのなら言葉に出る。言葉が真実なら行いに出る。行いが真実ならば、貫き通した足跡というのがある。

楠公さんにしろ、上杉謙信にしろ、神人合一《しんじんごういつ》だとか仏人一体されていたのだろう。境地も素晴らしかった。しかし何よりも、実際に六十六回戦って一度も負けなかったという上杉謙信の足跡がある。楠木正成公が毘沙門天の守護を受け、石清水八幡の神徳を受けて貫き通したといっても、文字づらだけでなく実際に、二万、三万の鎌倉の兵を相手に、一千名弱の兵が千早《ちはや》城に閉じこもって絶対に負けなかったという現実がある。

さらに、その楠公さんの活躍を聞いた鎌倉の武士たちが奮い立って、新田義貞《にったよしさだ》公ほか皆が北条高時を攻め滅ぼして、鎌倉幕府が滅んだ。楠木正成公の活躍がなければ、それもなかったわけだ。

そして最後は、死ぬとわかっていながら、天皇のために、唯々諾々《いいだくだく》として湊川《みなとがわ》で散っていった。その死に様もまた見事であり、偉大なる足跡を残した生涯であった。だからこそ本物なのだ。

日本の神様の神徳、功徳は、この現実の足跡ということを抜きにしては絶対に語れない。神様の下さる功徳を知って、あるがまま真心込めて言上《ごんじょう》申し上げれば、受けてはいただける。聞いては下さる。しかし、本当に功徳や神力を授かる人というのは、貫き通す精神と現実の足跡、つまり年季を経た人でなければならない。そういう人でなければ、神様は絶対に神徳を下さらない。

菱研のメンバーでも、モタモタしていようが、ああでもないこうでもないと試行錯誤していようが、十年続けて貫き通せば、年季というものが神の功《いさお》しとなり、それを神様が見ておられる。

十年頑張って十年の年季に来たときに……十年というのは、太陽神界の功徳が現れるスパンである。十年サイトの手形みたいなもの。その期日が来なければ現金化されないわけである。見ていると、十年やったなというときに神様が太陽神界から来て、地上の栄光、繁栄、成功を与えてくださる。

だから私は、毎年一月に石清水八幡に参拝している。阪神大震災直後には救済、救援活動に専心していたため、いたし方なく参拝できなかったのだが、少なくとも毎年一度は参拝しようと決めて、これを十年、二十年と継続する決心でいる。その十年目の年季のときには、石清水八幡さんの功徳が、私にも、私たちの組織にも、菱研の会員にも必ずやって来る。

十年間通い続けた足跡というのが、そこにはあるからである。どんなに偉そうな理屈を言っても、一時期どんなに一所懸命にやっても、現実に具体的に肉体を動かして貫いたという足跡と年季にはかなわない。そして、それを抜きにしては、絶対に神界は動かないのである。

会社の経営も同じだ。一年目はこれで当たった、二年目はこうだった、三年目も終わって、やっと銀行から会社として認めてもらえるように、神様の世界も年季の世界なのだ。これが日本の神霊界の掟である。

神様から授かったものはなくならない

会社も、ああでもないこうでもないとバタバタし、あっちができたかと思うとこっちが失敗、いい従業員が来たなと思ったら持ち逃げされ、次に新しく来た従業員がいいかと思ったら、もっとひどかったりしながらも、十年間、一生懸命研鑚していれば年季と足跡が出来てくる。

十年間人材難で苦しんだら、十年目に、今までの劣悪な従業員を全部足してもおつりがくるような人がポッとやって来る。自分の規模に見合った素晴らしい人材が神様から与えられる。神様から授けられる。会社の先、将来を託せるような人材が神様から授けられるのである。そして、授かったものはなくならない。

ヒットが出なくて十年苦しんできたら、仮にそれが家の業だったり本人の業だったり、本人の頭の悪さであったりしても、十年目に、ポッと知恵が浮かんでくる。アイデアが湧いてくる。それが神様に授けられた知恵なのだ。その知恵がヒット商品に結びつく。天から授かった知恵で開いた商品というのは、絶対になくならないし、滅びない。

あるいは十年目に、ひょんなことから知り合った人が、ひいきにしてくれる客になったとすれば、それが神様から授かった顧客なのである。その顧客というのは、どんなことがあっても変わらずにひいきにしてくれる顧客である。

十年間の年季、足跡、すなわち現実の功しを見て「うん、これならよかろう」と、太陽神界、および産土の神様や守護霊を通してポッと何かを授かるのだ。そして、神様から授かった知恵、従業員、顧客、商品というのはなくならない。

足跡という年季を積み重ねる。まず真心があり、それが事柄になって現実となる。それが「まこと」である。これはお布施や浄財をする際も同じだ。現実界・

現ナマ・現金と言うが、「現」である。お金ももちろん大事だが、お金よりも足跡のほうが大事。どんな大金であっても、単に一時的にポッと出すよりは、少額であってもなけなしのお金を十年間貫き通す行為のほうが圧倒的に大事である。

これができる人こそ、滅びない「道」を体得している人である。日本の神霊界というものを、本当の意味でわかっている人なのである。

別に神社を崇敬していなくても、結果は同じだ。無神論の学者であっても、十年間、一生懸命努力していると、アイデア、理屈、理論がパッと浮かんでくる。それで学位論文を提出して通ったりする。

これは天地《あめつち》の法則である。天地の変わらない部分なのだ。こういう真理は、頭でひねった経営論をふりかざす経営コンサルタントには、逆立ちしてもわからない。あるいは、少しばかり超能力とか霊感があったところでわかりはしない。そういうものと神界の神の道というのは全く違うからである。

この神様の功徳はこうで、拝んだらこんな「おかげ」があったなどというのは、あまりにも次元の低い「おかげ信仰」である。本当の神界というものをわかっていない。神様にお参りするときは、貫いていく自分を守ってくださいというニュアンスを持って神前に行く。ありのままの気持ちを言うことである。

原健が衆議院議長になれた本当の理由

ひとつの具体例を出そう。

すでに鬼籍に入られたが、原健三郎さんという政治家がいる。私の父も兵庫県のそのあたりにおり、保証人であった関係から、私も何度かお会いしているのだが、毒舌の面白い人物である。その健三郎さんが衆議院議長になった（注・一九八六年）。そして衆議院議長になった裏には、こんな秘密があったのだ。

原さんというのは、直感、霊感の発達した人である。二十数年前、たまたま原さんが西宮の戎《えびす》さんの前にやって来たとき、突然、「ハッ、二十年来なきゃいかん」と思ったらしい。毎年、十日戎《とおかえびす》に奉納演説をやる。そしてそれを二十年間続けなくてはいけないと直感で思った。

それ以来、雨が降っても風が吹いても、絶対に代理を立てないで、必ず自分が行って演説した。が、あるとき、忙しくてどうしても行けそうになくなった。原さんはどうしたか。なんと東京からヘリコプターに乗ってやって来て、奉納演説を終えると、またヘリコプターで帰って行ったのだ。

それを二十二年続け、二十三年目に衆議院議長になった。政治家というのは、総理大臣になれなければ、衆議院議長になりたいと思うものらしい。

原さんが衆議院議長になったとき、西宮神社へやって来た。

「拝殿の中に入らせていただきたい」

椅子に座って儀式をするその奥へ入って靴を脱ぎ、玉砂利の上にドーッと土下座した。そして頭を下げ、涙をボロボロ流しながら、

「戎さん、戎さん、本当にありがとう。本当に神様ありがとう。ありがとうございました」

二十分も三十分も玉砂利の上に土下座して、戎さんに感謝していたそうである。側で見ていた神職に聞いた本当の話である。

衆議院議長になった原健三郎という人は、二十二年間、雨が降っても槍が降っても、忙しいときにはヘリコプターに乗って来て、西宮戎さんの十日戎の奉納演

説を一回も絶やさなかった人なのである。

戎さんというのは根気の神様だから、年季も長い。しかし二十二年経って、戎さんが「よし」と思われたら、衆議院議長になるチャンスをパーンとお与えになった。

これが神界。日本の神を動かす道というのは、まさにこれなのだ。

それができない経営者というのは、絶対に大成しない。事業を成功させることができない。それができない経営者が、石清水八幡さんや戎さんにご祈願しても、本当のご神力やご神徳を我が物にできるはずはないのだ。

おわかりだろうか。これが日本の神界の法則なのである。

深見東州（半田晴久）Ph.D.

株式会社　菱法律・経済・政治研究所
代表取締役社長。

1951年、兵庫県生まれ。

カンボジア大学総長、政治学部教授。

東南アジア英字新聞論説委員長。

東南アジアテレビ局解説委員長。

中国国立浙江工商大学日本文化研究所教授。

その他、英国、中国の大学で客員教授を歴任。

社団法人日本ペンクラブ会員。現代俳句協会会員。

声明の大家（故）天納傳中大僧正に師事、天台座主（天台宗総本山、比叡山延暦寺住職）の許可のもと在家得度、法名「東州」。臨済宗東福寺派管長の（故）福島慶道師に認められ、居士名「大岳」。

国内外に十数社を経営し、実践派経営コンサルタントとして多くのシンポジウム、講演会を主宰、経済・政治評論活動を行っている。

人生論、経営論、文化論、宗教論、書画集、俳句集、小説、詩集などの著作も多く、『「日本型」経営で大発展』、『UNDERSTANDING JAPAN』や、191万部を突破した『強運』をはじめ、文庫本を入れると著作は320冊以上に及び、7カ国語に訳され出版されている。


（2023年10月現在）

深見東州氏が所長を務める経営コンサルタント会社「株式会社　菱《びし》法律・経済・政治研究所」では、経営相談、各種セミナー等、様々な活動を行っております。資料パンフレットもございますので、詳しくは下記連絡先までお問い合わせ下さい。

株式会社　菱《びし》法律・経済・政治研究所（略称 菱研《びしけん》）
〒167-0053　東京都杉並区西荻南 2-18-9　菱研ビル 2 階
フリーダイヤル　0120-088-727
電話　03-5336-0435　　FAX　03-5336-0433
メールアドレス　bcc@bishiken.co.jp
ホームページ　https://www.bishiken.co.jp

たちばなビジネス新書

ドラッカーも驚く、経営マネジメントの極意

平成二十七年二月二十八日　初版第一刷発行
令和　六　年　八　月　五　日　第四刷発行

著　者　深見東州
発行人　杉田百帆
発行所　株式会社　TTJ・たちばな出版
〒167-0053
東京都杉並区西荻南二丁目二〇番九号
たちばな出版ビル
電話　〇三-五九四一-二三四一（代）
FAX　〇三-五九四一-二三四八
ホームページ　http://www.tachibana-inc.co.jp/

印刷・製本　萩原印刷株式会社

ISBN978-4-8133-2532-1

落丁本・乱丁本はお取りかえいたします。
定価はカバーに掲載しています。